멘토 인문학

안장혁 지음

MENTOR

신아사

머리말

거인의 어깨에 올라탄 난쟁이가 되라

대학교에서 학생들과 함께 호흡해온 지 십수 년이 되었습니다. 외국어, 문학, 글쓰기 등 다양한 강의를 해오면서 강의실이 소통과 교감의 장(場)이 되지 못하고, 단순히 지식 전달의 공간에 머물지 않았나 하는 생각에 매번 아쉬움과 더불어 일말의 채무감을 느끼곤 했습니다. 적어도 대학이라면 선생의 지식과 경험이 일방적으로 전수되는 방식이 아니라 선생과 학생의 상호작용을 통해 배움이 선순환되는 교육환경이길 바랐습니다.

그런 의미에서 이 책은 뒤늦은 자기 고백이자 반성문이라 할 수 있습니다. 2017년 한 해 동안 '멘토인문학'이라는 강의에서 다루었던 주제와 내용을 어쭙잖게 엮었습니다. 우리 시대의 불안한 청춘들을 온전한 삶으로 인도해줄 멘토가 되어주고 싶어 기획한 강의였지만 스스로의 부족함을 깨닫게 된, 그래서 더욱 소중한 시간이었습니다. 지혜와 지식의 많고 적음이 멘토와 멘티를 구분하는 척도가 될 수는 없습니다. 멘토라고 해서 반드시 나이나 경험이 많아야 한다고 생각하지도 않습니다. 선생(先生)은 말 그대로 먼저 배운 학생일 뿐일 테니까요.

진정한 멘토는 프랑스의 철학자 자크 랑시에르가 말한 '무지한 스승'의 역할을 해야 하지 않을까 생각합니다. 무지한 스승이란 획일적 지식 전달에 서투른 스승, 어떤 앎도 전달하지 않으면서 다른 앎의 원인이 되는 스승을 의미합니다. '이리 가라', '저리 가라' 수시로 떠들어 대는 내비게이션 같은 지시자가 아니라 나아갈 길을 보여주되 선택은 본인의 판단에 맡기는 참된 스승 말입니다. 교육을 뜻하는 영어 단어 Education의 원래의 의미는 '밖으로 이끌어 내다'입니다. 사람마다 자신이 가진 소질과 잠재력을 충분히 발휘할 수 있도록 일깨워주고 이끌어주는 것이야말로 진정한 교육의 본질이라는 뜻이지요.

"내가 더 멀리 보았다면 이는 거인들의 어깨 위에 올라서 있었기 때문이다."라는 뉴턴의 말은 오늘날 멘토의 가치와 중요성을 환기시켜주는 명언입니다. 뉴턴은 거인의 어깨에 올라서는 데 그치지 않고 스스로가 후학을 위해 어깨를 내준 위대한 거인이었습니다. 한때 '시대가 위인을 만들어내는가, 아니면 위인이 시대를 만드는가?'를 두고 뜨거운 논쟁이 펼쳐진 적이 있었습니다. 어느 쪽이든 분명한 것은 위인들의 등 뒤에는 항상 훌륭한 멘토가 있었다는 점입니다.

이 책 또한 청춘들이 기댈 수 있는, 좁지만 편안한 어깨가 되었으면 합니다. 20대들이 자신의 욕망, 꿈, 직업, 인생의 목적, 인성 등 삶의 본질적인 문제에 대해 올바른 판단력과 통찰력을 키울 수 있도록 가급적 다양한 주제와 소재를 다루고자 했습니다.

1강에서는 인문학의 가치를 섬세하게 살피고자 했습니다. 20대 청춘들이 살아가면서 부딪히는 가치관의 문제에서 인문학은 일종의 방향등 역할을 해줄 것이며, 존재의 의미와 삶의 목적을 알려 주는 멘토의 역할을 해줄 것이란 믿음을 담았습니다. 2강에서는 정체성 상실증 혹은 집단 정체성 증상이 만연해 있는 우리 사회에서 자아 정체성 확립과 자아 발견의 길을 모색하기 위해 어떤 노력을 해야 할지 함께 고민해 보고자 했습니다. 3강에서는 어떤 삶이 재미있는 삶이고 어떤 삶이 의미 있는 삶인가를 조명해봄으로써 우리 시대 청춘들이 추구해야 할 삶의 가치를 환기시키고자 했습니다. 4강에서는 자기 착취를 부추기는 피로사회에서 스스로 힐링에너지를 충전시킬 수 있는 삶의 방식을 고민해 보고자 했습니다. '이웃사촌'의 따뜻한 정서가 '타인은 지옥'이라는 차가운 명제에 의해 잊힌 오늘날의 현실을 성찰함으로써 공존, 공생의 가치를 되새기고자 했습니다. 5강에서는 '4차 산업 혁명 시대, 어떻게 맞을 것인가'라는 시대적 화두를 인문학적 시각에서 진지하게 성찰해볼 시간을 갖고자 했습니다. 4차 산업 혁명을 '파괴'와 '혁신'이라는 두 개의 렌즈로 들여다봄으로써 그 순기능과 역기능을 균형 있게 판단할 수 있는 안목을 키우고자 했습니다. 6강에서는 '가치 있는 삶과 품위 있는 죽음'이라는 주제를 통해, 자살 고위험 사회를 살아가는 대한민국의 청춘들에게 필요한 삶의 자세와 마음가짐을 되새겨보는 시간을 갖고자 했습니다. 7강에서는 집단지성이나 집단창의성이 주목받는 시대에 영웅호걸식 혹은 독불장군식 리더십의 한계를 짚어보고 우리 시대에 필요한 팔로워(follower)로서의 역할과 덕목을 살펴보고자 했습니다. 8강에서는 '마음의 다이어트'를 통해 불만과 불평, 좌절과 실망, 미움과 증오, 상실과 우울, 배신과 분노, 공포와 두려움 등 우리의 마음 곳곳을 채우고 있는 감정의 지방 덩어리들을 제거할 수 있는 방안을 모색하고자 했습니다. 9강에서는 생존(survival)과 생활(live)을 각각 성공과 성장의 프리즘으로 들여다봄으로써 청춘들이 추구해야 할 온전한 삶의 방식은 사기(buy) 위해 살아가는(live) 것이 아니라 살기(live) 위해 사는(buy) 것에 있다는 자명한 이치를 깨우치고자 했습니다. 마지막 10강에서는 서구지성사에서 북극성처럼 빛났던 위대한 멘토, 괴테를 만나볼 것입니다.

1강부터 9강에 걸친 모든 주제 영역들은 사실 괴테가 고민하고 성찰하고 실천했던 시대적 과제이기도 했습니다. 치열했던 그의 삶과 예술적 시대정신은 우리 시대가 지향해야 할 성찰의 방식과 삶의 좌표를 제시해주는 길라잡이가 되어줄 것입니다.

멘토인문학 강의를 통해 불확실한 시대를 살아가는 20대 청춘들이 저마다의 존재의미와 삶의 목적을 성찰해가기를 기대하고 응원합니다. 여러분의 스승은 바로 여러분 자신입니다.

2018년 1월 엄광산 자락에서

저자 안장혁

멘토인문학

차례

1강

인문학에 길을 묻다

-융합형 지성으로 거듭나기

"별이 빛나는 창공을 바라보며 갈 수 있었던, 또 가야 할 길의 지도를 읽을 수 있던 시대는 얼마나 행복했던가. 그리고 별빛이 그 길을 훤히 밝혀 주던 시대는 얼마나 행복했던가." 루카치의 이 문장만큼 현대인의 상황을 더 절절한 수사로 압축한 표현이 또 있을까요. 그 행복했던 시절, 밤하늘의 북극성은 우리가 가야 할 길의 방향과 삶의 좌표를 제시해준 '멘토' 같은 존재였을 것입니다. 갈 수 있고 또 가야만 하는 길은 사람마다 달랐지만, 빛나는 별을 멘토 삼아 저마다 다양한 꿈을 키우고 자아실현의 여정을 기획했을 테지요. 별은 우리에게 동경의 대상이자 신비로운 존재이며 영원을 상징하기도 합니다. 누군가는 별을 헤며 사랑을 속삭이기도 하고 누군가는 별을 보며 미래의 꿈을 키워가기도 합니다. 멘토는 이처럼 누군가에게 삶의 나침반이 되어줄 북극성 같은 존재를, 미래에 대한 영감을 줄 참스승을 일컫는 말입니다.

최근 어느 조사에 따르면, 20대 청춘들 10명 중 9명은 '인생의 스승이 필요하다'고 느끼는 것으로 나타났습니다. 스승이 필요하다고 생각한 순간은 '취업, 이직, 진로 등 장래에 대한 고민이 있을 때'가 가장 많았고, '중요한 결정을 앞두고 있을 때' '심각한 고민에 대해 조언이 필요할 때' '내가 잘살고 있는지 의심이 될 때' 등이 그 뒤를 이었습니다. 이들은 이상적인 스승으로 '현명한 판단으로 방향을 제시해 주는 스승'과 '나의 가능성을 찾아내고 도전할 수 있게 도와주는 스승'을 우선적으로 꼽았습니다.

그렇다면 별이 빛나는 창공을 공해가 뒤덮어버리고, 도시의 휘황찬란한 네온사인 불빛들이 희미한 별빛마저 경쟁적으로 삼켜버리는 우리 시대는 얼마나 불행한가요. 문명화의 빛이 외려 어두운 그림자를 드리우는 이 시대는 얼마나 퇴행적인가요. '진실은 빛과 같이 눈을 어둡게 하고, 거짓은 아름다운 저녁노을과 같이 모든 것을 아름답게 보이게 한다.'는 알베르 카뮈의 말처럼, 오늘날 우리를 현혹하고 유혹하는 불빛들은 대부분 거짓 불빛들이지 않을까요?

미래의 불확실성과 가치관의 혼란이 첨예화된 오늘날의 현실이 청춘들에게 진실의 빛을 던져 줄 북극성 같은 멘토를 더욱 절실히 필요로 하는 이유가 여기에 있습니다. 경험이 상대적으로 부족한 20대들이 인문학의 숲을 거닐기 위해서는 무엇보다도 멘토의 도움이 필요하리라 생각합니다. 20대 청춘들이 살아가면서 부딪히는 가치관의 문제에서 인문학은 일종의 방향등 역할을 해줄 것이며, 존재 의미와 삶의 목적을 알려 주는 멘토의 역할을 해줄 거라 확신합니다.

최근 들어 인문학의 위기라는 말이 무색할 정도로 수많은 인문학 서적들이 쏟아져 나오고 있습니다. 이를테면 '인문의 바다에 빠져라' '돈의 인문학' '비즈니스 인문학' '인문학 페티시즘' 등 가히 인문학의 르네상스 시대라 부를 만합니다. 사회를 유지하는 데 필요한 핵심 동력이 무엇인지에 대한 근본적 성찰이 이루어지고 있는 셈입니다. 기업 차원에서 보더라도 경쟁력의 핵심이 기존의 규모나 설비와 같은 하드파워에서 기업 이미지, 감성 코드, 창의성과 같은 소프트파워로 이동하면서 소프트파워의 원천인 인문학에 대한 관심이 높아진 탓이리라 생각합니다. 도시재생이나 환경 차원에서도 인문이라는 용어는 높은 인기를 구가하고 있습니다. 인문도시, 도시인문학, 생태인문학, 인문자산 등 인문이 일종의 대표브랜드가 되다시피 하고 있으니 말입니다. 인문학에 대한 관심이 더 이상 당위가 아니라 필연이 되지 않았나 싶을 정도입니다.

그렇다면 인문학의 존재가 재조명을 받게 된 까닭은 무엇일까요? 분야를 막론하고 미래에 대한 불확실성이 커져가는 현대사회에서 차별화된 경쟁력을 갖추기 위해서는 삶에 대한 포괄적인 통찰력이 필수 덕목이 되었기 때문이 아닐까요? 그렇습니다. 인문학적 성찰력과 비판 정신은 시장지상주의의 현실에서 자신의 삶을 깨어있게 만드는 원동력을 제공해줍니다. 인문학적 소양은 삶의 지혜와 경험이 상대적으로 부족한 20대들이 스스로 삶의 주체로 거듭나는 데 필요한 자양분을 공급해줍니다. 이는 인문학이 왜 실천적인 학문으로 거듭나야 하는지, 왜 우리가 인문교육에 주목해야 하는지를 말해줍니다.

누구나 한 번쯤은 일명 '맥가이버 칼'이라 불리는 다용도 칼을 사용해본 적이 있을 것입니다. 예전에 TV로 방영되었던 외화 〈맥가이버〉에서 주인공이 사건 해결을 위해 자주 사용했기에 붙여진 이름이지요. 뜬금없이 맥가이버칼 이야기를 왜 꺼내느냐고요? 융합형 지성을 설명하기에 매우 적절한 도구라 생각했기 때문입니다. 칼, 톱, 코르크 오프너, 캔 오프너, 송곳, 드라이버, 가위 등 실로 다양한 재능을 갖춘 것이 사람으로 치면 팔방미인이라 할 수 있는 존재입니다.

현대사회는 새로운 지식생산 모델로서 학문 간의 '융합'이나 '통섭'에 대한 논의가 활발한 시대입니다. 학문적 패러다임이 변화하는 환경에서 경쟁력을 극대화할 수 있는 새로운 인간, 즉 융합형 인재를 필요로 하는 분야가 늘어난 탓입니다. 복잡 다양하고 다층적인 사회를 이해하는 데 영역과 경계를 넘나드는 통합적 이해 없이는 비전을 찾는 일도, 미래를 전망하는 일도 그만큼 어려워졌다는 얘기가 되겠죠. 더욱이 '융합'과 '연결'을 핵심 가치로 삼는 4차 산업 혁명 시대에는 '우물을 깊이 파기 위해 우선 넓게 파야 한다.'는 논리가 설득력을 얻고 있습니다. 그렇다면 4차 산업 혁명과 인간 간의 함수관계가 궁금해지지 않나요? 과학기술이 인간을 섬길 것인지, 인간이 과학기술을 섬기게 될 것인지는 지금으로선 물론 미지수입니다. 그럼에도 한 가지 분명 한 것은 4차 산업 혁명이 우리 사회에 연착륙하기 위해서는 무엇보다 인문학이 건강해야 한다는 점입니다.

이번 강의에서는 융합의 시대, 창조의 시대, 감성의 시대라 일컬어지는 21세기의 시대정신에 걸맞게 인문학적 상상력을 통해 삶의 다양한 문제들을 논리적이고 창의적으로 해결해 나갈 방안을 함께 고민해 보고자 합니다. 인문학은 궁극적으로 삶의 좌표를 찾아주는 학문이라 할 수 있습니다. 그 좌표 위에서 우리는 어제의 나를 기억하고, 오늘의 나를 위로하며 내일의 나를 응원할 수 있는 길을 모색할 수 있으리라 기대합니다.

불확실성의 시대를 건너는 법

시대를 막론하고 청춘은 희망의 이름이어야 하지만 우리 시대의 청춘은 불안함과 고단함을 껴안고 살아갑니다. 불확실성이 지배하는 시대에 자신의 정체성과 삶의 좌표를 찾아야 하는 고단함이 이들의 숙명이기 때문입니다. 3포를 넘어 7포 세대라는 말이 청춘을 호명하는 시대입니다. 체념과 무기력감이 일상의 정서가 되면서 청춘은 사회의 주체가 아니라 객체의 자리로 밀려나게 되었습니다. 금수저니 흙수저니 하는 절망적인 계급 담론이 청춘의 영혼에 생채기를 내는 상황에서 헬조선, 탈조선이라는 씁쓸한 신조어가 탄생하고 있습니다. 혼란과 방황 속에서 생존의 치열함과 경쟁의 냉혹함을 견뎌내야 하는 청춘 세대들에게 절망감이 하나의 집단 정서로 자리 잡아가고 있습니다. 개인의 절망은 개인적인 아픔에 그치지만, 한 세대의 절망은 공동체 전체의 위기를 초래하기 마련입니다. 이는 오늘날 청춘이 왜 부정적인 감정에 굴복하게 되었는지, 왜 자기 착취를 부추기는 '피로사회'에서 스스로가 가해자이자 피해자로 살아가고 있는지를 말해줍니다.

누군가는 이렇게 말할지도 모릅니다. 미래는 누구에게나 불투명하고 불확실한 법이니, 차라리 그 불확실성을 끌어안으라고, 불확실성을 사랑하라고 말입니다. 근심과 불안은 현대인들의 삶 속에 떨쳐버릴 수 없는 그 무엇으로 프로그래밍 되어있으니 그 숙명성을 담담히 받아들이라고 말이죠. 이 말이 좀 더 친절한 조언이 되려면, 불확실한 미래를 '어떻게' 사랑할지에 대한 최소한의 귀띔 정도는 해줘야 하지 않을까요? 불확실성은 곧 위험요소라는 공식에 익숙해 있는 청춘들에게 불확실성을 사랑하라는 말은 자칫 공허한 메아리에 지나지 않을 수도 있습니다.

오늘날 대학생들은 적어도 대학에 들어오기 전까지는 하나의 정답만을 요구하는 획일적인 교육방식에 길들여져 온 게 사실입니다. 그런 까닭에 자기만의 모험적이고 실험적이며 독창적인 사고를 펼쳐 보일 기회를 얻기란 쉽지 않았을 겁니다. 이들에게 '다른 시각'이란 곧 불확실성을 의미하는 것이었을 테니까요. 그렇다면 불확실성의 시대를 건너는 법은 무엇일까요?

나침반의 원리를 구현해가는 삶을 권하고 싶습니다. 나침반의 바늘은 끊임없이 흔들립니다. 어떤 상황에서도 제대로 된 방향을 찾아내기 위해서이죠. 바늘의 흔들림은 확실한 좌표를 설정하기 위한 전제조건이라 할 수 있습니다. 그러므로 흔들림의 과정이 생략되어 있는 나침반은 더 이상 나침반이 아닐 것입니다. 청춘의 시기도 이와 닮아있으리라 생각합니다. 갈등과 고민과 방황이라는 숱한 흔들림을 경험한 끝에 자신의 정체성과 자아실현의 방향을 찾아낼 수 있을 테니까요. 그렇습니다. 흔들리지 않는 청춘은 존재하지 않습니다. 흔들림은 불확실성을 확실성으로, 낯섦을 낯익음으로 바꾸어 가는 과정에서 겪게 되는 일종의 통과의례 같은 게 아닐까요?

특히나 대학 시절은 청춘들에게 흔들림의 과정이 본격적으로 시작되는 시기가 아닐까 싶습니다. 자신의 정체성을 찾고 삶의 방향을 정해야 하는 시기인 만큼 반드시 견뎌내야 할 성장통이라 생각합니다. 동서고금을 막론하고 삶의 행복과 의미는 참다운 자아 발견에서 시작된다는 말은 보편적 진리에 가깝습니다. 여기서 말하는 자아 발견이란 현재 자신이 어떤 환경과 조건에 놓여 있고, 어떤 이상과 잠재력을 가지고 있으며, 타인들과의 관계는 어떤지를 제대로 인식하는 것입니다. 자신의 내면의 풍경을 들여다보고, 삶의 지향점을 모색한다는 점에서 자아 발견은 자아성찰과 자아실현을 의미하기도 합니다. 자아 발견을 위해서는 무엇보다 나의 정체성을 확인하는 과정이 중요합니다. 사회시스템 안에서 우리에게 부여된 다양한 지위와 역할을 수행하는 데 절대적 좌표가 되어주는 것이 바로 자아 정체성이기 때문입니다. 하지만 오늘날 대부분의 청춘들은 자신이 좋아하는 분야를 찾지 못하고, 자신의 재능을 발견하지 못한 채 살아가고 있는 듯합니다. 한 마디로 자아 발견의 과정을 도외시한 채 살아가고 있는 것이죠. 그렇다면 그 까닭은 무엇일까요?

자아 발견과 자아실현의 여정은 때론 도전과 모험을 필요로 합니다. "배는 항구에 정박해 있을 때 가장 안전하다. 그러나 그것이 배의 존재

이유는 아니다."라는 괴테의 말을 음미해 보세요. 세상이라는 바다로 출항하는 것에는 항상 위험이 뒤따르는 법입니다. 그렇다고 항해라는 배의 존재 의미를 부정할 수는 없겠죠. 모름지기 발전과 성공이란 가치는 모험과 도전의 자양분을 먹고 자라는 법입니다. 불투명한 미래에 지레 겁먹고 주저앉기보다는 지금 도전하고 싶은 일을 찾아 나설 때 '평범함'은 '비범함'으로 거듭날 수 있을 것입니다.

인문학은 우리에게 상상력과 창의성을 공급해주며 도전과 모험의 항체를 심어줍니다. 인문학적 상상력은 옳고 그름의 가치가 아니라 같고 다름의 논리를 먹고 자랍니다. 창의적 발상과 열린 사고는 기존의 정서와 시각을 거스르는 도전정신에서 시작됩니다. 그러므로 창의성의 가장 중요한 요소는 천재성이나 번뜩이는 아이디어가 아니라 '남과 다르게 생각하고 상상하는 것'입니다. 애플의 슬로건 'Think different!'처럼 말이죠. 그러기 위해서는 기존의 고정관념, 상식, 관행 등을 비판적 시각에서 바라보면서 모두를 위한 정답이 아니라 '나만의 정답'을 찾아내려는 모험심과 건강한 일탈이 필요하리라 생각합니다. 고루한 고정관념 및 인습과 결별하고, 이미 알고 있는 친숙한 세계를 낯설게 바라보는 훈련을 할 필요가 있습니다. 태양을 향해 비상(飛上)의 꿈을 펼쳤던 '이카로스', 그는 누군가에게는 이룰 수 없는 무모한 꿈을 상징하는 존재로 여겨질 수 있겠지만, 다른 누군가에게는 미지의 세계를 향한 도전정신에 불을 붙여준 희망의 전도사였습니다. 준비되지 않은 도전은 맹목일 수 있지만, 도전 없는 삶은 더욱 공허할 것입니다.

자연과학적 지식이 등대를 보고 항해하는 법을 가르쳐주는 실용적인 것이라면, 인문학적 소양은 하늘의 별을 보고 항로를 잡는 상상력과 감성의 영역입니다. 성탄절 날 아이들이 기쁜 마음으로 산타클로스를 기다리는 것도 상상력이 작동하기 때문입니다. 자신에게 선물을 안겨주는 존재가 산타할아버지가 아니라 부모님이라는 사실을 알게 되는 순간 설렘과 기대감은 확연히 줄어들 수밖에 없습니다. 아이들로서는 한 번도 본 적 없는 산타할아버지라는 존재는 인문학적 상상력이 우리 인간에게 얼마나 큰 즐거움과 행복감을 주는지를 단적으로 보여주는 예라 할 수 있습니다. 가상이 현실을 압도할 수 있는 것은 바로 상상력이 보장되기 때문입니다.

인문학은 인간의 무늬를 새기는 학문

인문학은 인간이 주어가 되고 인간이 목적어가 되며 인간이 서술어가 되어야 하는 학문입니다. 인간다움의 가치를 적극적으로 사유하고 실천하면서 '인간의 무늬를 새기는 게' 인문학의 본령이라 할 수 있습니다. 함석헌 선생님은 인문학의 가치를 삶 속의 '앓음'과 '앎'의 합일로 보았습니다. '알'(본질, 정수)을 만드는 아픔, 그것이 앓음이고 앎이라는 것입니다. 인문학이란 이와 같이 고통을 통해 우리 삶 속에 아로새겨진 앎을 표현하는 학문이라 할 수 있습니다. 단순히 앎에서 그치지 않고 앎을 삶 속에 녹여낼 수 있는 이른바 '실천인문학적' 가치를 중요시 여기는 학문이지요. 인문학을 치열한 자기성찰과 자기치유의 학문이라 부르는 이유도 여기에 있습니다.

얼마 전에 월트 디즈니가 '디즈니 공주의 10가지 자격'이라는 흥미로운 분석을 내놓았습니다. 공주 캐릭터의 외모를 비현실적으로 묘사해 아이의 신체 존중감에 부정적 영향을 준다고 비판받아온 디즈니가 영국의 학부모 5000명에게 설문조사를 해 공주의 조건을 새롭게 설정한 것입니다. 여기에는 아름다운 외모, 날씬한 몸매, 화려한 보석, 백마 탄

왕자 등 기존의 외적 조건들이 등장하지 않습니다. 중요한 것은 인성과 인간미, 즉 인문학적 소양이었습니다. 백설공주의 경우 '타인 배려'가 핵심 덕목이었습니다. 궁전에서 쫓겨난 백설공주는 일곱 난쟁이와 함께 지내면서 원활한 공동체 생활을 위해 배려의 가치를 온몸으로 실천했지요. 난쟁이들뿐 아니라 숲속 동물까지 돌봄으로써 진정한 공존과 상생의 생태계를 구축하고자 했습니다. 그런가 하면 미녀와 야수의 여주인공 벨은 상대를 겉모습으로 판단하지 않는 깊은 안목이 있었습니다. 벨은 야수의 마음속 고통과 슬픔을 헤아려 준 열린 마음의 소유자이자, 연민과 위로의 말로 그의 저주를 풀어준 구원자였습니다. 그렇습니다. 이제는 공주의 조건도, 인간을 평가하는 가치 기준도 변화하고 있습니다. 인간의 무늬를 중시하는 방식으로 말이죠.

앎과 삶을 이어주는 키워드는 냉철한 분석이나 검증이 아니라 '이해'입니다. 이해는 상처 입은 자들의 이야기에 감응해줄 수 있는 가장 이상적인 방식입니다. 상실감을 느끼는 이들에게 인간다운 삶을 되돌려줄 수 있는 이 이해의 메커니즘이 가장 잘 작동하는 터전이 바로 인문학이 아닐까 생각합니다. 인문학의 핵심가치인 상상력은 우리와 동떨어진 이들의 삶을 공감과 교감의 정서로 들여다볼 수 있게 해주고, 그 과정에서 자연스레 위로와 희망의 에너지가 솟구쳐 오를 테니까요. 그런 의미에서 희망과 인문학은 찰떡궁합인 셈입니다. 미국의 얼 쇼리스는 〈희망의 인문학〉이라는 프로젝트를 통해 희망과 인문학의 이상적인 만남을 꾸준히 시도하고 있는 학자입니다. 그는 노숙자들에게 인문학 교육을 받을 수 있는 기회를 제공함으로써 그들이 자신은 물론 세상을 바꾸는 일에 적극적으로 나설 수 있도록 하는 일종의 '사회교육' 실험을 주도하고 있습니다. 이 프로젝트를 통해서 그는 어릴 적부터 약자들의 사고 자체를 옭아매어온, 그들의 삶의 과정을 지속적으로 빈곤 상태로 묶

어놓은 '사회적 무력(force)'을 해체하고자 했습니다. 사회적 무력은 공적인 삶이 이뤄져야 할 자유로운 공간에서 이들을 생존에만 급급한 사적인 세계로 내몰아 온 거대한 폭력이자 이데올로기였습니다. 얼 쇼리스는 이 무력의 포위망을 벗어나는 유일한 길은 성찰적 사고를 통해 자율적인 삶을 영위하는 것이라고 강조합니다. 이를 위해 그는 사회적 약자들의 마음속에 희망이라는 소프트웨어를 깔아주었습니다. 희망은 그 무엇보다 강력한 플라세보 효과를 발휘한다는 사실을 잘 알고 있었던 거죠. 희망은 밤 꿈과 달리 깨어있는 자들이 꾸는 '낮 꿈'이라 할 수 있습니다. 밤 꿈은 각자 꾸지만 낮 꿈은 공동체를 이루는 타인들과 함께 꾸는 꿈입니다. 그리고 밤 꿈은 과거를 재현하는 데 그치지만 낮 꿈은 미래를 보여줍니다. 그러므로 희망이라는 낮 꿈은 '아무도 아닌 자'(nobody)가 아니라 '아직은 아닌 자'들이 꾸는 유토피아적 의지라 할 수 있습니다. 그 출발점은 바로 자신과 타인에 대한 배려라는 사실 잊지 마시길 바랍니다.

인문학은 문화의 DNA

문화에도 DNA가 존재한다면 그것은 인문학이 아닐까 싶습니다. 우리 몸의 모든 신진대사를 지시하고 조절하는 것이 DNA이듯이, 인간의 문화와 문명을 진두지휘하는 것이 바로 인문학이라 생각하기 때문입니다. 앞에서도 얘기했듯이, 요즘은 분야를 막론하고 '인문'이라는 용어를 약방의 감초처럼 사용하고 있는 게 사실입니다. 이를테면 최근 들어 국가에서 큰 관심을 가지고 추진하고 있는 '인문도시사업'의 핵심은 인문학입니다. 생태 공간이 파괴되어가는 현시점에서 도시를 인간과 자연이 공존할 수 있는 공간으로 탈바꿈시키려는 노력에 인문학이 중추 역할을 하고 있는 것이지요. 독일의 대시인 괴테는 인문학적 상상력으로 바이마르(Weimar)라는 작은 도시를 유럽의 문화수도로 만든 인물입니다. 오늘날 독일이 지닌 세계문화유산의 절반가량을 바이마르에서 찾아볼 수 있게 된 것은 인문자산의 중요성을 일찌감치 깨달은 괴테의 선견지명 덕분이었습니다. 도시의 정체성을 규정하고 도시의 심장을 뛰게 하려면 기반시설과 같은 하드웨어가 아니라 인문과 문화라는 소프트웨어가 절대적이라는 사실을 인식했기 때문입니다. 보잘것없던 작은 도시에서 유럽의 문화수도로 거듭난 바이마르의 사례는 인문학의 가치와 쓸모를 선명하게 보여줍니다.

이어령 선생님은 〈젊음의 탄생〉이란 저서에서 인문학과 실용 학문과의 관계를 흥미롭고도 설득력 있게 제시합니다. '수도꼭지'와 '수돗물'이라는 비유를 통해서입니다.

우리는 매일같이 수도꼭지를 틀어 물을 사용하고 있지만, 수도꼭지라는 존재를 더 이상 경탄의 눈으로 바라보지는 않습니다. 그러나 수도꼭지를 난생처음 본 옛사람들은 어땠을까요? 중국 본토에서 패주하고 대만으로 쫓겨난 장제스의 군대들에겐 꼭지만 틀면 저절로 물이 쏟아지는 수도꼭지가 매우 신기하게 여겨졌습니다. 그래서 그들은 그 수도꼭지를 구하러 철물점으로 몰려갔고 그 마법의 도구를 사다가 벽에다 박아 넣었습니다. 하지만 수도꼭지를 아무리 쥐어틀어도 단 한 방울의 물도 나오지 않자, 속았다고 생각한 군인들이 가게로 쳐들어가 총질을 해댔다는 내용입니다. 여러분들은 일상에서 시원한 수돗물을 맘껏 사용하면서 벽 뒤에, 땅속 깊은 곳에 묻혀있는 수도관의 존재를 생각해 본 적이 있나요? 수도꼭지를 통해 우리에게 수돗물을 선사해준 수원지(水源池)의 고마움을 떠올려 본 적은 있나요? 그렇습니다. 인문학은 수도꼭지가 아니라 수원지입니다. 당장 쓸모 있는 유용한 도구는 아닐 수도 있습니다. 하지만 인문학이 쓸모없다는 이유로 폐기처분 되면 어떻게 될까요? 수도꼭지가 고장 나면 당장에 새것으로 교체하면 되지만, 수원지가 오염되거나 매몰되면 우리의 생존 자체가 위협받게 되겠죠.

쓸모 있다는 말은 '이익이 되는', '사용할 수 있는', '도움이 되는' 등의 여러 가지 뜻을 담고 있습니다. 그렇다면 쓸모와 효용만을 강조하고 있는 자본주의 사회에서 그 쓸모의 주체와 대상은 누가 돼야 마땅할까요? 세상일까요? 부모님일까요? 아니면 나 자신이어야 할까요?

수도꼭지처럼 쓸모가 당장 눈앞에 드러나는 가시적인 것을 의미한다면 인문학은 비가시적입니다. 어린왕자에 나오는 여우도 "정말 중요한 것은 눈에 보이지 않는다."고 말합니다. 중력은 보이지 않습니다. 인간게놈(genome)도 전기도 전파도 육안으로 볼 수 없습니다. 그럼에도 인간의 삶에 절대적인 영향력을 행사하는 존재들이죠. 우리가 사용하는 빈 그릇은 또 어떤가요. 그릇의 진정한 쓸모는 가시적인 형체가 아니라 그 형체가 만들어 내는 빈 공간 때문이겠죠. 보이지 않으면 존재를 인정해주지 않는 가시성 중심의 사회에서 인문학은 문화중력이자 문화유전자의 역할을 합니다. 서양의 칸트와 동양의 장자는 인문학의 정체성과 가치에 대해 탁월한 메시지를 남겼습니다. 칸트의 '무목적적 합목적성' 개념이나 장자의 '무용지용(無用之用)'이란 개념은 우리에게 '쓸모없는 것의 쓸모 있음'이란 역설의 지혜를 일깨워 줍니다. 특정 목적이 없어도 그 자체로 아름답고 좋은 것, 세속적인 목적이나 효용에 부합하지 않기에 오히려 세상을 지탱할 수 있게 해주는 진정한 쓸모, 이것이 인문학이 존재하는 이유입니다. 그러므로 인문학은 우리에게 무언가를 증명해 보임으로써 그 효용 가치를 인정받으려 애쓰지 않습니다. 무한한 상상력에 기반한 다양한 이야기를 들려줄 뿐이죠. 자연과학이나 사회

과학과는 달리 인문학에 과학이라는 단어가 붙지 않는 이유이기도 합니다.

우리 인간이 지식을 축적하려는 근본적인 이유는 자신과 세계에 대한 이해의 폭을 확장하려는 데 있습니다. 그 방법론에 따라 학문은 세분화되었지요. 인간의 존재와 삶에 대한 인문학, 인간이 모여서 형성한 공동체에 대한 사회과학, 인간을 둘러싼 시공간에 대한 자연과학이 그것입니다. 과학은 세상과 자연을 구성하는 엄밀한 법칙성을 읽어내려는 학문입니다. 인과법칙에 충실하고 검증된 대답만 내놓으려는 경향이 강하지요. 따라서 불행 혹은 행복은 어디에서 오는가? 사후 세계는 어떤 모습일까? 와 같은 물음 앞에 과학은 침묵할 수밖에 없습니다. 그에 반해 인문학은 인간을 대상으로 하는 성찰적 학문이다 보니 인과법칙에 갇히지 않는 해석의 자유를 허용합니다. 예를 들어, 1+1=2는 엄격한 인과법칙이지만 인문학적 대답은 이와 다를 수 있습니다. 사랑하는 두 사람이 만들어 내는 가치는 그들이 관계를 어떻게 이끌어 가느냐에 따라 3이라는 시너지 효과를 낼 수도 있고, -3이라는 부정적인 결과를 낳을 수도 있기 때문입니다.

세상과 대면하는 방식은 사람마다 다를 수밖에 없습니다. 저마다 경험 영역이 다르고 그에 따른 가치관과 세계관도 다른 만큼 세상을 들여다보는 프리즘도 다양할 것이기 때문입니다. 인문학은 우리에게 현실을 진단하고 시대정신을 들여다보는 데 필요한 현미경이자 망원경과 같은 학문입니다. 세상에는 멀리 넓게 봐야 하는 게 있는가 하면 세밀하고 깊이 있게 들여다봐야 할 것이 있습니다. 지금처럼 4차 산업 혁명이 본격화되는 시점에서 이상과 현실의 균형 있는 안목을 키우기 위해서는 다기능의 관찰 도구가 필요합니다. 관찰하고 해석해야 할 대상에 따라 렌즈의 선택도 중요합니다. 타인의 삶의 켜와 결을 살피고자 할 때는 현미경이 필요할 테고 사회적 변화와 역사적 흐름을 큰 틀에서 조망하기 위해서는 망원경을 선택해야 할 것입니다. 망원경이 필요할 때 현미경을 갖다 대면 전체(보편과 이상)를 놓치게 될 것이고, 현미경이 필요한 자리에 망원경을 갖다 대면 디테일(구체와 현실)을 보지 못하게 될 것입니다. "인문학을 과학의 렌즈로 바라보지 말고, 과학을 인문학의 렌즈로 바라봐야 한다."고 말한 니체는 세상을 바라보는 데 따스한 인문학의 시선이 필요하다고 느끼지 않았을까요? 자연과학의 속성이 임의의 가설을 세운 후 그것을 증명하고 확인해가는 것이라면, 그 가설의 토대가 되어 주는 것이 인문학적 사유이고, 인문학적 상상력입니다. 그렇다면 인문학이 들려주는 이야기의 쓸모란 어떤 것일까요?

현대사회는 '이야기(story)'가 대세입니다. '스토리텔링(storytelling)수학'이니 '영어 스토리텔링'이니 하는 용어들이 인기를 끌고 있는 것을 보면 말입니다. 요즘 TV에서 유행하는 '이야기가 있는 광고'가 스토리텔링의 전형적인 예라 할 수 있습니다. 그런데 이 스토리를 만들어내는 것에 핵심적인 역할을 하는 것이 바로 인문학입니다. 스토리텔링은 세상에 존재하는 대상들에 '이야기'라는 옷을 입혀 듣는 사람으로 하여금 재미와 감동을 느낄 수 있도록 효과적으로 메시지를 전달하는 것이 관건인데, 여기에는 인문학적 상상력이 필수적입니다. 단순한 정보와 밋밋한 사실에 공감과 감응의 정서를 불어넣어 사람들의 눈길과 관심을 끌도록 재창조하는 행위는 인문학적 감수성 없이는 불가능하기 때문입니다. 예컨대 태풍을 견뎌낸 사과를 '합격사과'라 이름 붙여 마케팅에 성공한 일본의 한 과수원의 경우는 인문학적 역발상 덕분에 성공한 대표적 스토리텔링 사례라 할 수 있습니다. 아름다운 노랫말로 유명한 독일의 로렐라이 언덕은 실제로 가보면 평범한 바위 하나와 으스스한 처녀상만 덩그러니 놓여있을 뿐입니다. 그럼에도 매년 몇백만의 관광객들이 찾는 세계적인 명소가 될 수 있었던 것은 인문학적 상상력이 빚어낸 매력적인 스토리가 있었기에 가능한 일이었습니다.

여러분이 곤혹스러워하는 자기소개서 작성 시에도 스토리텔링은 중요합니다. 평범한 경험과 경력을 어떤 이야기 옷을 입혀 재구성할 것인가. 차별화된 자기소개서를 쓰기 위해서는 자기만의 경험 메뉴판을 만들어 가길 권장합니다. 나의 장점과 단점은 물론이고, 경험의 종류(학점, 아르바이트, 봉사 활동, 그 외 특별한 경험 등)를 정리해 놓으면 입체적인 자기분석이 가능해집니다. 이른바 스펙이라 부르는 자격증과 토익점수 말고도 살면서 경험한 의미 있는 일들이라면 뭐든지 간단히 메모해 두는 겁니다. 초중고 시절에 겪었던 강렬한 사건이나 기억들을 마치 메뉴판처럼 모아 정리한 후 거기에 스토리를 입히는 것이 좋습니다. 경험 메뉴판을 작성해 가면서 희망하는 직업 및 진로, 성취하고 싶은 일, 실행 방법 등을 구체화시켜가는 것이지요. 스토리(Story)를 넘어 나만의 히스토리(history)를 만들어 가려면 무엇보다 인문학적 상상력과 창의력을 키워야 할 것입니다.

지금은 자기배려가 필요한 시대

오늘날 대부분의 청춘들은 '실존적 좌절감'에 노출되어 있습니다. 실존적 불안이나 집단 우울증 현상이 이들에게 존재의 의미와 삶의 의지를 거세하고 있는 게 현실이지요. 이들이 느끼는 고통의 공통분모는 상실감이라 할 수 있습니다. 인간관계, 이상, 꿈, 자존감, 장소(설 자리), 정체성 등 삶의 좌표를 세우는 데 필요한 거의 대부분의 요소들이 상실의 대상이 되고 있습니다. 요즈음 도시 곳곳에서 '인형뽑기방'을 어렵지 않게 볼 수 있습니다. 인형 뽑기는 출구 없는 일상에 갇힌 청춘들이 자신을 구출하는 행위가 아닐까 하는 씁쓸한 생각이 든 적도 있었습니다. 자립을 위해 고립을 선택할 수밖에 없는 청춘들이 인형 뽑기 행위를 통해 자신 안에 억압된 욕망을 대리 충족 시키고 있는 건 아닌지 기성세대로서 일말의 자괴감이 들었기 때문입니다.

청춘들이 느끼는 실존적 공허감은 개인마다 처해진 한계상황에 따라 다양한 가면을 쓰고 등장하는 듯합니다. 욕망의 충족 가능성과 불가능성 사이의 거리감에 따라 가면은 때론 단순한 무력감의 형태로, 때론 극단적인 자기살해의 충동으로 변용되어 나타나기도 하니까요. 이는 삶 혹은 세상과의 근본적인 불화에서 생겨난 고통과 불안감 앞에서 '자기애'의 가치를 상실했기 때문이 아닐까요. 이렇듯 삶의 의미와 더불어 자기 존중감의 당위를 잃어가는 이들에게 필요한 게 바로 '회복탄력성'입니다. 위기나 역경을 극복하고 긍정적인 상태로 되돌아갈 수 있는 능력을 의미하는 말입니다.

빅터 프랑클이라는 학자가 있습니다. 지옥 같은 유대인 수용소에서 살아 돌아온 인물이지요. 그는 자신의 경험을 바탕으로 '로고테라피(logotherapy)'라는 마음치유의 이론을 만들었습니다. 우리말로는 '삶의 의미 찾기를 통한 치유' 정도로 번역할 수 있는 이 이론에서 특히 강조하는 인간형은 '인내적 인간(homo patience)'입니다. 인내적 인간이란 고통과 시련을 자기성장의 계기로 받아들여 인간적 성취를 일궈내는 인간을 말합니다. 자살 고위험 국가에 해당되는 우리 사회가 특히 주목해야 할 인간형인 셈이죠. 인문학은 회복탄력성을 높여주는 데 큰 쓸모가 있습니다. 아무리 혹독한 고통일지라도 그 고통이 혼자만의 고통이 아니라 인간이라면 누구나 겪게 될 보편적 고통이라는 사실을 환기시켜 줌으로써 고통의 강도를 희석시켜주는 것이 인문학이기 때문입니다.

인문학은 실존적 좌절감에 빠진 이들에게 스스로 '회복탄력성'을 높여 '인내적 인간'으로 거듭날 수 있도록 격려해주고 응원해주는 소중한 상담가이기도 합니다. 때론 삶에 적당한 불안과 긴장이 필요할 수도 있음을 말해주고, 때론 일정 정도의 고통과 상실감이 과거의 나를 죽이고 새로운 나로 재탄생할 수 있는 계기가 될 수 있음을 일러줍니다. 그래야만 삶 속에서 마주치는 다양한 갈등을 새로운 차원에서 성찰할 수 있는 항체가 형성될 수 있는 것이라 조언해 줍니다. 자기배려와 자기치유의 항체는 타인에 의해 강제된 음성이 아니라 자신의 목소리에 귀 기울일 때 비로소 생겨난다는 사실을 잊지 말길 바랍니다.

요즘 청춘들이 대한민국을 바라보는 대표키워드는 유감스럽게도 '헬조선'입니다. 수저 계급론을 비롯해 스펙폭력, 냉소주의, 무기력감, 희망고문, 잉여인간, 자발적 아웃사이더 등의 부정적 언어들이 이들의 영혼을 병들게 만들고 있습니다. 왜 그럴까요? 도구적 스펙(Specification) 경쟁과 성과중심주의가 판을 치고 있기 때문이 아닐까요. 스펙(specification)은 원래 기계나 부품의 규격이나 사양을 뜻하는 말이라는 거 알고 있었나요? 스펙을 사람의 '자질'이나 '자격 요건'을 따지는 용어로 사용하는 것은 인간의 상품화와 수단화를 부추기는 도구적 이성의 한 형태라고 할 수 있습니다. 오늘날 일종의 시대정신으로 자리 잡은 스펙은 개인의 질적 가치가 아니라 양적 가치를 부추기는 만큼 인간의 도구화는 물론 사회 전반에 걸쳐 '제로섬(zero sum) 게임'을 만연시킵니다. 스펙추구는 '모방욕망'에서 비롯됩니다. 모방욕망은 2강('나인 듯, 나 아닌, 나 같은 나')에서 자세히 다루겠지만 타인의 취향과 욕망을 무비판적으로 따라 하려는 욕망을 말합니다.

오늘날 너나 할 것 없이 명품이나 스펙을 추구하는 사회적 현상, 외모지상주의라는 집단 주술에 빠져 있는 병리 현상도 바로 이 모방 욕망의 메커니즘으로 바라볼 수 있습니다. 삶의 가치를 스스로 만드는 것이 아니라 다른 누군가의 가치관을 그대로 재현하려는 타율적 욕망이 꿈틀대는 한, 자아 발견의 길은 요원합니다. 사회가 성과주의를 호명하는 순간 개인의 다양한 끼와 재능은 획일화된 스펙 쌓기에 포박될 수밖에 없습니다. 인간이 추구하는 모든 가치가 '상품화'되면서 오늘날 인간의 이성은 건강한 비판정신과 성찰력을 상실하고 말았습니다.

온갖 '인정투쟁'과 '인정중독'이 일상화되어있는 교육환경도 문제입니다. 그런 환경에서 교육 적응자는 정상, 부적응자는 비정상이라 지칭되는 게 현실입니다. 누군가를 '비정상'으로 선언하는 일은 상대의 사회적, 문화적 지위를 규정하는 일종의 권력 행사라 할 수 있습니다. 이 경우 권력은 '낙인효과'를 발휘하며 작동합니다. 명성이나 타인의 인정을 얻고자 하는 욕망은 평범한 자에 대해 사회가 바라보는 이 낙인효과가 두렵기 때문에 생겨나는 것입니다. 패배자라는 말은 패배했다는 의미와 더불어 패배했기 때문에 공감을 얻을 권리도 상실했다는 의미까지 포함하는 냉혹한 말입니다. 사회적 규범에 부합할 능력이 있는지, 그렇지 않은지의 여부에 따라 위너와 루저로 나뉘는 사회, 스펙 공화국인 대한민국의 뒤뜰에선 지금 이 시간에도 우리 모두를 구분 짓고 등급화할 정교한 스펙의 나무가 무럭무럭 자라고 있습니다. 축산물처럼 인간에게도 원치 않는 등급표를 배분하기 위해서 말입니다.

스펙은 개인의 질적 가치가 아니라 양적 가치를 부추기는 만큼 인간의 도구화는 물론 사회 전반에 걸쳐 제로섬(zero sum) 게임을 만연시킵니다. 스펙이라는 수상한 용어를 굳이 사용할 수밖에 없다면 차라리 사색의 의미를 갖는 'speculation'을 권하고 싶습니다. 괴테, 스티브 잡스, 니체, 칸트, 빌 게이츠, 공자, 루소 등 세상을 바꾼 위인들의 공통된 경쟁력은 사색에 있었고, 이 깊은 사색의 우물에서 인문학적 상상력을 길어 올렸습니다. 이들에게 사색은 '누구나'의 스펙(specification)이 아니라 '나만의' 스펙(speculation)이었기에 가능한 일이었습니다. 폴 발레리는 "생각하는 대로 살지 않으면 사는 대로 생각하게 된다!"는 유명한 말을 했습니다. 주어진 상황이나 환경에 따라 수동적인 삶을 살지 말고 자신의 생각대로 현실을 변화시켜가라는 조언이겠지요.

도구적 이성이 판을 치는 세상입니다. 도구적 이성이란 말 그대로 우리의 이성이나 지식을 도구화하는 행위를 의미하는 개념입니다. 타락한 이성 혹은 왜곡된 이성 정도로도 이해할 수 있습니다. 반대어는 윤리적 이성(혹은 성찰적 이성)이라 할 수 있습니다. 윤리적 이성이란 자신의 신념과 욕망과 가치관에 대해 지속적으로 '자기검열'할 수 있는 인식능력을 말합니다. 자신을 마치 타인처럼 객관화시켜 엄격하고 냉정하게 스스로를 통제하고 관리하려는 의지라고 할 수 있죠. 제대로 된 이성이라면 인간의 공동선(共同善)과 상생의 가치를 추구해야겠지만 도구적 이성은 인간의 야만성과 갈등을 증폭시키게 됩니다. 사회 전체의 행복지수를 높여주기는커녕 오히려 사회를 비인간화의 정글 세계로 탈바꿈시킨다는 것이죠. 예컨대 전쟁, 홀로 코스트, 유전자 조작, 그리고 세월호 참사 등은 도구적 이성의 결과라 할 수 있을 것입니다.

파울로 코엘료는 저서 〈연금술사〉에서 누구나 자신만의 연금술이 필요하다고 말합니다. 첫째는 자기배려(selfcare)를 해야 하고, 둘째는 자신만의 보물을 찾아야 하며, 셋째 자신만의 신화를 만들어 가야 한다고 조언합니다. 그 옛날 사람들은 왜 연금술에 매료된 것일까요. 연금술은 흙을 이용해 납이나 철과 같은 평범한 금속을 금으로 바꾸려는 기술이 아니던가요. 코엘료가 말한 현대식 연금술이야말로 오늘날의 수저 계급론을 무력화시키는 데 유용한 삶의 철학이 아닐까 싶습니다. 흙으로 빚은 그릇이 불가마에서 뜨거운 기운을 이겨내고 나면 더 이상 흙 그릇이 아니라 품위 있는 도자기로 대우받듯이, 삶의 열정을 녹여낸 흙수저는 더 이상 흙수저가 아니겠지요. 헬(hell)조선의 hell이 영어로는 '지옥'을 뜻하지만, 독일어로는 '밝은'이라는 의미랍니다. 언어에 어떤 의미, 어떤 가치관을 부여하느냐에 따라 어둠과 밝음은 언제든 뒤바뀔 수 있다는 사실 기억하기 바랍니다.

참고 자료

김영호: 함석헌 사상 깊이읽기1·2·3, 한길사, 2016.
빅터 프랭클(이시형 역): 삶의 의미를 찾아서, 청아출판사, 2005.
얼 쇼리스(고병헌·이병곤·임정아 역): 희망의 인문학, 이매진, 2006.
이어령: 젊음의 탄생, 생각의 나무, 2009.
파울로 코엘료(최정수 역): 연금술사, 문학동네, 2001.

2강

나인 듯, 나 아닌, 나 같은 나!

- 자기 삶의 주체로 살아가기

욕망의 주인으로 살 것인가, 욕망의 노예로 살 것인가? 내 삶의 주체성을 회복하고자 할 때 스스로에게 던져야 할 중요한 질문입니다. 이른바 '모방욕망'의 유혹과 타인의 가치판단에서 벗어나 진정한 나를 만날 수 있는 삶의 방식을 모색하는 데 하나의 기준점이 될 수 있기 때문입니다. 불확실성이 지배하는 시대에 자신의 정체성과 삶의 좌표를 찾아야 하는 것이 오늘날의 청춘들에게 절박한 과제가 되고 있습니다. 정체성은 한낱 지문이나 서명으로 구분되는 것이 아닙니다. 정체성은 자신의 신념과 가치관을 결정하고 현재 자신의 모습과 미래의 나의 모습을 결정짓는 중요한 요소이니까요. 따라서 내가 진정으로 원하는 것이 무엇이며, 어떤 능력과 성격과 욕망과 가치관을 가지고 있는지를 냉정하게 자문해 보고, 자신만의 고유성과 개별성을 인식한 후 그에 맞는 삶의 지향점을 찾아 나서야 합니다. 미국의 심리학자 매슬로우(Maslow)는 '욕구 발전 5단계론'에서 진정한 자아실현은 타인의 욕망과 사회적 요구를 뛰어넘을 때 비로소 성취되는 것이라 말한 바 있습니다. 모방욕망의 유혹과 외부의 가치판단으로부터 자유로워지는 곳에서 자아실현의 길은 시작된다고 말입니다.

이번 강의에서는 자아 정체성 확립과 자아 발견의 길을 모색하기 위해 어떤 노력을 해야 할지 함께 고민해보고자 합니다. 집단 정체성에 갇혀 살기보다는 자신이 진정으로 하고 싶은 것, 해야만 하는 것, 할 수 있는 것을 찾아 실행하는 자아실현의 방식을 체득함으로써, 진정한 자유의 가치를 깨닫고 자유의 온전한 활용법을 익히길 바랍니다.

정체성 상실의 시대. ~인 듯, ~ 아닌, ~같은 세상

한국사회는 언제부터인가 ' ~인 듯, ~아닌, ~ 같은' 언어가 일반화된 주술공화국이 되었습니다. '내 것인 듯, 내 것 아닌, 내 것 같은 내 인생', '연인인 듯, 연인 아닌, 연인 같은 관계', '장난인 듯, 장난 아닌, 장난 같은 폭력(언어폭력 등)', '스펙인 듯, 스펙 아닌, 스펙 같은 외모', '임금인 듯, 임금 아닌, 임금 같은 최저 임금', '학생(어른)인 듯, 학생(어른) 아닌, 학생(어른) 같은 휴학생(대학생)' 등처럼 말이죠. 타인에게 인정받기 위한 사회화 전략이 개성화를 몰아내는 과정에서 빚어진 진풍경입니다. 과연 이렇게 쉽게 나만의 정체성과 개성을 저버려도 되는 걸까요?

정체성은 우리가 스스로를 어떤 존재로 인식하고 있는지를 규정해줍니다. 나를 더욱 나답게 만드는 것들의 총합이 나의 정체성입니다. 그렇다면 무엇이 나다운 것일까요. 이 질문에 답하긴 쉽지 않습니다. 진정으로 나다운 것이 무엇인지를 파악할 수 있을 때 비로소 우리는 삶의 주체가 될 수 있을 것이고, 자신의 기준에서 소중한 가치들을 성취해나갈 수 있을 것입니다. 정현종 시인이 〈방문객〉이란 시에서 표현했듯, 우리는 저마다 자신만의 과거와 현재와 미래를 엮어가고 있는 '어마어마한 일생'들이라는 사실 늘 기억하고 있어야 합니다.

세상을 모르는 것과 자신을 모르는 것 중 더 불행한 일은 자신을 모르는 것입니다. 세상에 대해 무지할 경우 조금 불편하긴 해도 살아가는 데 지장은 없습니다. 하지만 자신을 모르면 살아갈 방법조차 결정할 수 없습니다. 자신이 진정으로 원하는 것이 무엇인지, 자신이 어떤 색깔의 존재인지 모른다면 삶 자체가 불안할 수밖에 없습니다.

자기 정체성을 정립하는 것이 얼마나 중요한지 이야기 하나를 들려주겠습니다. 1950년대에 미국의 인디언 보호구역에서는 유난히 마약과 알코올 중독, 폭력 문제가 심각했답니다. 미국의 심리학자 에릭슨을 중심으로 한 연구진은 그 원인을 알아내고자 인디언 보호구역 안으로 들어갔습니다. 학교에 다니는 인디언 아이들은 백인 교사의 가르침을 받았습니다. 그런데 백인 교사들은 아이들에게 인디언 짓을 한다며 꾸중을 하곤 했답니다. 아이들이 집에 돌아가면 부모들은 백인같이 군다며 야단을 치기 일쑤였고요. 그 사이에서 아이들은 어떻게 해야 할지 몰라 허둥댈 수밖에 없었겠지요. 학교에서든 집에서든 아이들이 끊임없이 자신을 부정해야만 했던 까닭입니다.

우리 시대가 정체성 상실증 혹은 집단 정체성 증상을 보이는 건 왜일까요? 우선은 정체성과 이미지를 혼동하는 데서 빚어지는 문제가 클 것이라 생각합니다. 정체성과 이미지는 보여줄 것인가, 보임을 당할 것인가의 문제와 연관되어 있습니다. 세상을 향해 나만의 프레임을 내세우는 것이 정체성이라면, 세상의 프레임에 갇히는 것이 이미지일 것입니다. 타인의 일상을 지켜보며 대리만족을 느끼는 이른바 관음증이나, 자신의 블로그에 자신의 일상을 노출시킨 후 주변 사람들의 반응에 쾌감을 느끼는 피관음증이 빠른 속도로 우리 사회에 파고들고 있습니다. 미디어와 관련 기술 등이 발전하면서 이 같은 보여주기와 훔쳐보기의 시소게임이 진화하고 있는 것이지요. 하지만 이미지는 속성상 인공적이며 부분적으로 허구적일 수밖에 없습니다. 이미지를 중요시 여기는 자아는 연출하는 자아와 다를 바 없습니다. 그들에겐 '나는 보여진다. 고로 존재한다.'가 삶의 철학인 셈입니다. 우리의 몸은 인간이 세상과 접촉하는 가장 중요한 인터페이스(interface)입니다. 그런데 이미지가 정체성을 압도하는 사회에선 몸을 자연의 영역에서 문화의 영역으로 몰아넣게 됩니다. 다이어트, 식이요법, 성형수술, 피부 관리프로그램 등은 몸을 자연성으로부터 해방시키기 위한 실천 행위들이라 할 수 있습니다. 이는 결국 이미지 강화를 위해, 익명의 시선을 위해 자신의 몸을 연출하고 전시해야 한다는 강박적 사고를 낳게 되겠죠. 이쯤 되면 지나친 이타주의가 아닐까요?

정체성과 이미지의 비대칭성은 현실 세계와 가상세계의 경계에서 생겨난 다중 자아의 문제와도 결부되어 있습니다. 개인의 모습이나 사회적 역할이 비교적 고정적인 현실 세계에 비해, 사이버 공간은 자신의 모습이나 역할을 무한정으로 변화시킬 수 있는 신세계입니다. 성별 · 인종 ·신분을 초월한 새로운 자아를 만들어낼 수 있는 곳이죠. 현실과는 완전히 다른 상상 세계의 구성원이 되어 현실에서 할 수 없는 다양한 일들을 경험할 수 있는 공간이기도 합니다. 증강현실과 가상현실 덕분이죠. 여러분이 좋아하는 포켓몬고를 떠올려보면 이해가 쉬울 테지요.

이처럼 가상공간은 현실로부터의 해방을 의미하는 공간이자 대안담론을 제시할 수 있는 공간이기도 합니다. 조금 어려운 말로 하자면, 현실성의 원칙이 지배하는 세계에서 가상은 단지 실재의 알리바이 역할을 하지만 '시뮬라시옹(simulation)'의 원칙이 지배하는 세계에서는 실재는 가상의 알리바이가 된다는 의미입니다. 여기서 중요한 사실은 가상이 우리의 실재(현실) 자체에 막강한 영향력을 행사하기에 가상의 붕괴는 현실의 상실로 이어진다는 점입니다.

2015년 4월 미국 휴스턴 대학교의 연구진들은 '페이스북의 이용시간이 증가할수록 남과 비교하는 의식이 강화되어 우울증상이 나타날 수 있다'는 연구 결과를 발표한 적이 있습니다. 이는 SNS를 통해 과도하게 타인의 삶에 관심을 가지고 타인과 자신의 삶을 비교하다 보면 정작 자신의 삶의 만족도는 떨어진다는 사실을 말해줍니다. 뿐만 아니라, 자신의 실제 삶의 모습보다 SNS상에 훨씬 멋지게 포장하여 남들이 부러움을 살 수 있도록 하는 행위 자체가 본인에게도 스트레스를 준다고 합니다. 그렇다면 왜 이런 현상이 벌어지는 걸까요?

20대는 인생에서 자신의 정체성에 대해 가장 적극적으로 사고하게 되는 시기입니다. 정체성은 개인의 질적인 고유성을 담보로 하는 만큼 다양화되는 게 당연합니다. 그러나 현실은 그렇지 않습니다. 성장 환경이 달라도 누구나 사춘기를 겪는 것처럼 우리 시대의 20대들은 획일화된 집단 정체성 안에 갇혀 있습니다. 우리 시대의 20대들은 대다수가 청춘의 마지막 시기일 수도 있는 대학 시절을 '스펙 쌓기'라는 소모전에 희생시키고 있습니다. 청춘들에게 내일은 꿈과 희망의 언어여야 마땅하지만, 오늘날의 청춘들은 내일이 두렵습니다. 내일이 오늘보다 나아지기는커녕, 나빠지지 않으면 다행이라는 냉소와 우울로 가득 차 있죠. 내일은 어떤 일이 생길까? 하는 산산한 기대감이 내일은 또 어떻게 견디지? 하는 현실적 물음을 만나면 무거운 의무감으로 바뀝니다. 이들에게 과거는 상처이고 미래는 두려움이기 때문입니다. 타인들의 욕망을 모방하느라 내 삶의 좌표를 설정하거나 정체성을 확립하지 못했기 때문입니다. 성공과 출세라는 세속적 기준과 욕망이 승자와 패자를 날카롭게 경계 짓는 사회시스템 안에서 적지 않은 청춘들이 스스로 '아무도 아닌 자(Nobody)'가 되어갑니다. 아무런 존재감도 없는 투명인간과 잉여인간으로 취급받게 되는 것이지요.

누군가는 청춘들의 정체성이 집단화되어가는 경향을 '표백세대'라

정의하더군요. 새로운 가치관을 형성하고, 자신만의 새로운 길을 찾기보다는 기성세대가 정해놓은 성공의 법칙을 따를 것을 강요받고 있는 청춘들의 현실을 고스란히 담아낸 말이지요. 사회적 관습과 기성세대가 제시하는 좌표를 거부할 경우 낙오자나 일탈자로 낙인찍히는 사회에서 '청춘 예찬'은 공염불에 불과할 뿐입니다. 자신만의 색깔이 아닌, 하나같이 똑같은 색으로 표백된 채 살아가야 하는 사회, '인재'라는 단어가 거대한 시스템을 유지하는 데 필요한 '고급 부품' 정도로 인식되는 사회가 바로 표백사회입니다. 하이데거라는 철학자는 '공적인 빛은 모든 것을 어둡게 만든다.'라는 유명한 말을 남겼습니다. 획일화와 전체주의의 폭력성을 강하게 시사하는 말입니다. 획일화된 스펙, 획일화된 욕망, 획일화된 정체성을 강요받는 사회에서 자신의 가치를 입증할 수 있는 선택지는 제한적일 수밖에 없습니다. '누구라도 좋다'라는 말이 '굳이 네가 아니어도 좋다'로 읽히는 사회시스템 안에서 나만의 고유성과 유일성은 '대체 가능성'에 자리를 내주고 있는 현실입니다.

부모님 세대에는 그저 평범했던 삶이 우리 시대 청춘들에겐 원대한 꿈이 되어버린 시대, 평범한 행복이 누군가에겐 특권이 되어버린 시대라면 이미 건강을 잃은 사회입니다. 청춘들의 도전과 모험에 관용을 베풀지 못하는 사회는 경직된 사회이고, 그들의 열정과 패기를 외면하는 사회는 닫힌 사회입니다. 그러한 사회에서는 어떠한 창의적 사유도, 건강한 비판 정신도 쉽사리 휘발되고 말 것입니다. 자아 발견을 향해 있는 청춘의 도전정신, 그것은 그들의 자유를 부정하는 기존 체계에 대해 합리적 의심을 품는 것에서 시작되어야 합니다. 청춘의 푸른 잎은 기존의 권위와 가치 체계를 무비판적으로 공급받기를 거부할 때 비로소 신진대사를 시작할 수 있을 것입니다.

모방욕망을 부추기는 사회

함석헌 선생님은 한국 사회에 만연되어있는 불행의 뿌리가 자기 상실감에 있다고 진단한 적이 있습니다. 삶의 대부분을 온전한 주체로서 살아보지 못한 사람들의 집단이기 때문이라는 겁니다. 아닌 게 아니라 한국사회의 상당수 청춘들은 내 욕망과 타인의 욕망을 구분하지 못하고 살아갑니다. 자신의 욕망을 누군가에 의해 관리당해온 이유도 있겠지만, 타인의 삶을 모방하려는 이른바 모방욕망의 노예가 된 탓이 더 크겠지요. 그렇다면 모방욕망이란 대체 무엇이기에 우리의 삶을 이토록 흔들어 놓는 것일까요? 먼저 욕망의 정체를 밝혀보도록 하죠.

인간의 욕망은 다음과 같이 범주화할 수 있을 겁니다. 욕망이 가장 큰 범주이고 그 안에 욕구와 요구, 심지어 야망이나 욕심까지도 포함된다고 말이죠. 물론 이런 식의 범주화에 동의하지 않는 사람들도 있을 테지요. 그럼에도 내가 이런 범주화를 전제로 한 이유는, 그래야만 욕망의 긍정적인 면과 부정적인 면을 두루 살펴볼 수 있는 포괄적인 시각이 생겨날 수 있으리라 판단했기 때문입니다. 이를테면 '우주를 향한 꿈'과 '도전 정신' 등은 긍정적인 형태의 건강한 욕망이라 볼 수 있겠죠. 그런가 하면 '욕구'는 일반적으로 생물학적· 본능적 욕망에 국한된 개념으로 사용됩니다. 수면욕·식욕·성욕 등과 같이 일차적인 욕망을 일컫는 용어라는 말입니다. 그렇게 볼 때 욕구는 인간과 동물이 공유하는 부분이 많은 셈이지요. 문제는 우리 인간들은 이 같은 기본적인 욕구가 충족되었음에도 잉여의 욕망을 추구한다는 사실입니다. 욕망이 과잉되다 보니 욕심이 생기고 결국엔 욕망의 노예로 전락해 버리게 되는 것이죠.

프랑스 철학자 르네 지라르와 자크 라캉이라는 인물에 대해 들어 보셨나요? 이 두 사람은 모두 '모방욕망'이라는 개념을 발전시킨 인물들입니다. 지라르는 욕망하는 나와, 내가 욕망하는 대상 사이의 관계는 직선이 아니라 매개자를 사이에 둔 삼각형 모양이라는 '욕망의 삼각형' 이론을 만들어 냈습니다. 인간이 행하는 모든 문화적 행위의 뿌리에는 바로 '모방'의 원리가 숨겨져 있다는 것입니다. 모방욕망은 인간의 욕망 중 가장 본질적인 속성이며, 누군가를 혹은 무언가를 모방하려는 욕망이 인류의 역사와 문화를 이뤄온 근간이라는 게 그의 핵심 주장입니다. 한마디로 인간의 욕망은 자기 고유의 것이 아니며, 타인이 욕망하는 것을 욕망하게 된다는 것이죠.

매개는 다시 외적 매개와 내적 매개로 나뉩니다. 외적 매개란 매개자가 주체보다 절대적으로 우위에 있기 때문에 결코 뛰어넘을 수 없는 존재를 일컫습니다. 주체는 이 매개자를 경쟁상대로 생각하지 않기에, 그를 뛰어넘을 수 없다는 사실을 결코 부끄러워하지도 않습니다. 외적 매개는 유명인이나 연예인처럼 주로 우리가 좋아하는 인물에 해당되고, 내적 매개는 대부분이 우리가 소유하고 싶은 특정 대상일 경우가 많습니다. 요즈음 가장 핫한 연예인이라 할 수 있는 '공유'나 '수지'는 대표적인 외적 매개자라 볼 수 있겠죠. 지극히 평범한 우리로서는 영화배우 '공유'나 '수지'를 선망의 대상으로 삼긴 하나 그들을 능가하고픈 욕망은 없지 않나요? 외적 매개자를 따라 하려는 욕망은 좋아하는 연예인을 그저 최대한 닮아 보려는 데 있을 뿐이기 때문이겠죠. 이렇게 애초부터 매개자인 누군가를 경쟁자로 생각할 의도가 없는 경우를 외적 매개라 합니다. 물론 이 경우 누군가를 따라 하거나 매개자로 삼는 만큼 무절제함이나 허영심이 생겨날 수도 있습니다.

그에 반해 내적 매개는 매개자를 주체가 뛰어넘을 수 있는 경우를 말합니다. 주체가 매개자를 얼마든지 초월할 수 있다고 생각할 때 둘 사이의 갈등이 발생합니다. 결국, 주체에게 매개자는 자신과 동일한 대상을 욕망하는 경쟁자가 되고 맙니다. 명품가방을 예로 들어 보죠. 우리는 명품 가방 자체가 좋아서라기보다는 누군가가 들고 있기 때문에 모방구매를 하는 건 아닐까요? 모방욕망에 사로잡힌 개인들이 너나 할 것 없이 모두가 명품 가방을 들고 다니게 되면, 너와 나 사이에는 아무런 차이가 없어지게 될 테고, 그렇게 되면 점점 더 비싼 가방을 가지려는 경쟁이 치열해지겠죠. 비싸면 비쌀수록 더 사고 싶어진다는 이른바 '베블렌 효과(veblen effect)' 가 나타나게 되는 것입니다. 이런 '차이 없음'이 사회 전반에 퍼지면서 구성원들 사이에 모방경쟁이 한층 더 과열 양상을 보이게 될 테고, 이는 결국 적개심과 폭력이 잠재된 불안한 사회를 초래하게 될 것입니다. 상이함이 아니라 동일함 때문에 갈등이 초래되는 역설이 발생하게 되는 것이죠. 그렇게 되면 무모한 경쟁과 폭력의 메커니즘이 사회 전체를 집어삼키는 위험사회가 초래될 것입니다.

모방 욕망이 안고 있는 보다 심각한 문제점은 도전과 모험의 가치를 무력화시킨다는 사실입니다. 내가 남의 욕망을 모방하며 살고 있다는 사실 자체를 자각하지 못하게 만드는 것이지요. 스펙을 추구하는 것도 바로 이 모방 욕망의 관점에서 이해할 수 있지 않을까요? 이렇듯 내적 매개는 대체로 물질적 소유욕이나 과시적 욕망과 관련되어 있습니다. 오늘의 잔치가 내일의 빚잔치로 이어질지언정 남들이 가지고 있는 걸 보면 나 또한 반드시 손에 넣어야 직성이 풀리는 자기 소모적 욕망 말입니다. 배가 고픈 것보다 배가 아픈 것을 더 못 견디게 만드는 사회의 씁쓸한 자화상입니다. 내 안의 진정한 욕망이 아니라, 다른 누군가의 욕망이 더 근사해 보여서 무비판적으로 휘둘려가는 타율적 욕망이라면 마땅히 경계해야 할 가짜 욕망이라는 점 명심해야겠지요.

그렇다면 모방 욕망엔 긍정적인 면은 전혀 없는 것일까요? 창조적 모방은 어떨까요? 같은 모방이라도 창의적 모방이면 벤치마킹

(benchmarking)이 될 테고, 단순 모방이면 모조품에 불과하겠죠. 구텐베르크는 포도즙을 짜는 와인 프레스의 원리를 모방해 금속활자 인쇄기를 발명했고, 헨리포드는 도축장의 분업 시스템에 착안해 자동차 공정에 컨베이어벨트를 도입한 인물입니다. 에디슨의 전구 역시 다른 연구자들의 발명품들을 기반으로 만들어진 것이죠. 이렇듯 모방은 때로는 창조행위의 원천이자 자양분이 될 수도 있습니다. 모방 욕망이론은 인간의 욕망을 해석하는 하나의 이론일 뿐이지 보편타당하게 합의된 진리는 아닙니다. 타인의 좋은 글이나 발표 내용을 벤치마킹(창조적 모방)해서 그걸 바탕으로 자신만의 고유한 역량을 키워가는 게 오히려 더 생산적일 수도 있는 겁니다. 다만 이 경우 중요한 것은 스스로가 주체적이어야 한다는 점입니다. 많은 경우 그 훌륭한 타인의 성취를 무비판적으로 모방하는 선에서 그치기 쉬운데, 이런 타성이나 매너리즘을 극복하는 것이 관건이겠죠.

그런 점에서 르네 지라르의 욕망이론의 맹점을 찾아보자면, 인간은 문화를 창조하는 것이 아니라 모방한다고 단언한다는 점입니다. 하지만 니체나 들뢰즈와 같은 철학자들은 욕망의 모방성보다는 주체적이고 창조적인 욕망을 옹호한 자들입니다. 욕망은 마치 욕구가 그렇듯 자연 발생적인 면이 강하며, 모방이 아니라 외려 남과 차별화되고자 하는 속성을 지닌다는 것이 이들의 주장입니다. 그렇게 보자면 시대를 앞서간 천재들의 삶은 모방적 욕망이 아니라 독창적 욕망의 결과물이라 볼 수 있지 않을까요?

문화적 모방유전자 '밈(Meme)'

리처드 도킨스라는 과학자를 들어 보셨나요? 〈이기적 유전자〉라는 책으로 일약 베스트셀러 작가가 된 그는 모방 욕망과 관련해서 흥미로운 이론을 내놓았습니다. 모든 생명현상의 한 가운데에는 유전자가 자리 잡고 있으며 이 유전자는 근본적으로 '이기적'인 속성을 갖는다는 것입니다. 나아가 그는 인간의 행동과 문화 또한 유전자의 지배를 받는데, 그 원리가 생물학적 '자기복제'와 유사한 '모방복제'의 메커니즘 때문이라는 파격적인 주장을 내놓았습니다. 이른바 '문화적 유전자, 밈(Meme)' 가설입니다. 밈이라는 단어는 모방을 뜻하는 그리스어 미메시스(Mimesis)에서 따온 말입니다. 문화적 차원에도 유전자가 있어 생물학적 유전자(gene)처럼 자기복제를 한다는 것입니다. 밈은 모방을 거쳐 뇌에서 뇌로 개인의 생각과 신념을 전달하며, 문화적 관습에 의해 유전자처럼 계승되고 전승된다는 것인데, 도킨스는 이에 대한 예로 신의 존재, 건국신화, 멜로디, 패션, 건축양식, 헤어스타일 등을 제시했습니다. 노래, 광고, 사상, 무기 등 유행을 타는 인간 행위 일반은 물론이고, 부모로부터 자녀에게 이어지는 가치관, 습관, 경험, 지혜 등도 모두 밈에 의한 복제과정을 거치게 된다는 것입니다. 그는 한마디로 '인간의 뇌는 밈이 살고 있는 컴퓨터'와 다를 바 없다고 판단하고 있는 것이죠.

도킨스에 따르면, 밈 또한 경쟁을 통해 자연도태 되거나 생존하기도 합니다. 이를테면 신이라는 개념은 역사적으로 다양한 매체(글, 말, 그림 등)를 통해 사람들의 뇌 속에서 끊임없이 자기 복제를 해온 생존력 높은 밈이라는 것입니다. 신은 인간의 원초적인 불안과 고뇌를 치유해줄 강력한 심리적 매력을 갖고 있기 때문이라는 것이죠. 전문가들은 밈이 생물학적 한계를 뛰어넘는 파급력이 있으며, 정보화 사회가 본격화되고 있는 오늘날 더욱 강력한 위력을 발휘할 것이라 예측하고 있습니다. 그 논리는 이렇습니다. 누군가의 사고나 행동이 지혜롭거나 창조적이라 평가될 경우 그들은 우선적으로 공동체의 주목을 받게 되겠죠. 공동체 차원에서는 그들의 삶의 방식을 계승하고 보존하려 할 것입니다. 그런 식으로 이들의 밈, 즉 이들의 사상과 행위와 업적에 대한 기억은 후손에게 전달될 것입니다. 대문호 톨스토이를 예로 들어 보죠. 톨스토이는 19세부터 60년간 평생 일기를 썼고 그를 본받아 그의 아내와 자녀들도 줄곧 일기를 썼다고 합니다. 그 일기가 톨스토이 가문이 600년 동안 창작의 산실로 불리게 된 귀중한 자산이 되었다고 하는데, 바로 이것이 문화유전자 밈의 힘이라고 할 수 있습니다. 인간이 단순히 동물적 삶을 사는 것이 아니라 문화적 삶을 산다는 도킨스의 주장은 수긍할 만하지만, 대한민국 사회엔 출세가 곧 행복의 지름길이라는 왜곡된 밈이 존재하는 건 아닌지 곱씹어 봐야 할 것입니다.

이번엔 라캉이라는 또 다른 욕망이론의 대가를 소개할까 합니다. 라캉의 욕망이론은 까다롭기로 정평이 나 있긴 합니다. 그럼에도 현대인들의 욕망 메커니즘을 이해하는 데 중요한 이론인 만큼 그의 핵심주장만이라도 알아둘 필요는 있습니다. 프로이트라는 이름은 한 번쯤 들어본 적이 있을 겁니다. 최초로 인간의 무의식 세계를 규명한 인물이지요. 라캉의 욕망이론은 프로이트의 무의식 개념으로부터 출발합니다. 여기서 말하는 무의식이란 욕망이니 욕구니 본능이니 하는 것처럼 이성의 통제로부터 어느 정도 벗어나 있는 별도의 영역을 의미합니다. 라캉은 인간을 의식(혹은 이성)보다는 무의식의 지배를 더 많이 받는 존재로 보고, 이 무의식이 작동되는 원리에 관심을 갖게 됩니다. 여기서 그 유명한 '작은 주인'과 '큰 주인' 개념이 등장하게 됩니다. '작은 주인'이란 달리 말하자면 '내 안에 살고 있는 다른 자아'라 할 수 있습니다. 아이의 성장 과정을 예로 들어보지요. 1~3살 무렵의 아이들은 처음엔 말과 글보다는 이미지나 단순한 음성 신호(울음소리)를 통해 세상(주로 엄마를 매개로)과 교감하게 됩니다. 내 울음소리 한 번으로 모든 욕망이 해결되는 시기인 것이죠. 흥미로운 사실은 이 시기의 아이들은 주변의 존재들(엄마 혹은 울고 있는 다른 아이)과 나라는 존재를 동일시하는 경향을 보이게 된다는 점입니다. 세상과의 온전한 일체감이 유지되는 시기인 셈이지요. 이 시기를 라캉은 '상상계'라 부릅니다. 그러다 아이들은 차츰 언어를 터득하게 되고, 어른들이 정해 놓은 규칙을 배우게 됩니다. 욕망해도 되는 것과 욕망해서는 안 되는 것을 경험하게 되는 것이지요. 경우에 따라서는 자신의 욕망이 억압될 수도 있다는 불편한 진실을 깨닫게 되는 겁니다. '작은 타인'이란 이렇게 지금까지의 내가 억압됨으로써 '다른 나'로 존재하게 된 상태를 말합니다. 다시 말해 욕구불만 상태의 존재인 것이죠. 이에 비해 '큰 주인'이란 인간의 욕망과 욕구를 억압하는 문화적 성격의 모든 존재라 할 수 있습니다. 다시 말해 우리의 현실을 관장하고 조정하며 인도하는 법, 신, 자유, 민족, 학점 등등이 모두 큰 주인에 속한다고 볼 수 있습니다. 이쯤 되면 작은 주인의 삶은 항상 큰 주인의 영향을 받게 될 수밖에 없는 것이지요. 결국 우리 인간은 큰 주인의 법칙으로부터 자유로울 수 없는 한, 저마다 자기 안에 억압된 욕망(즉 작은 주인)을 지니고 살아갈 수밖에 없는 운명인 셈이지요. 나 아닌 누군가가 나를 바라보는 방식이 내가 스스로를 바라보는 방식을 결정하는 이른바 큰 주인의 사회학이 작동하는 사회에서는 말입니다. 루소가 〈사회계약론〉에서 "사람은 자유 속에 태어나지만, 어디에서나 사슬에 묶여 있다."고 선언했을 때, 그는 이미 문화와 질서와 규칙이라 불리는 큰 주인의 존재를 정확히 인식하고 있었던 셈입니다.

자유로부터의 도피

독일의 심리학자 에리히 프롬은 〈자유로부터의 도피〉라는 유명한 책에서 '소극적 자유'와 '적극적 자유'를 구분합니다. 그가 말하는 소극적 자유는 '~로부터의 자유(freedom from)'입니다. 강제, 간섭, 방해, 구속 등 무엇으로부터 벗어나고픈 자유를 의미합니다. 이를테면 빈곤으로부터의 자유, 무지로부터의 자유, 공포로부터의 자유 등 나쁜 것이나 싫은 것으로부터 해방되고픈 의지를 담고 있는 자유입니다. 〈쇼생크 탈출〉이라는 영화를 본 적이 있나요? 장기복역수 브룩스는 가석방되어 세상에 나오지만 결국 자살을 선택하고 맙니다. 교도소로부터의 독립은 고립으로, 다시 찾은 자유가 불안과 공포로 이어진 상황에서 자유를 갈망하면서도 자유로부터 도피하려는 딜레마에 빠진 결과입니다. 우리 현대인들에게도 자유로부터 도망쳐 새로운 의존과 자발적 종속을 통해 심리적 안정감을 찾으려는 경향이 있습니다. 삶에서 느끼는 무력감이나 외로움의 감정이 깊어져 급기야 '관리 중독증'으로 이어진 탓입니다. 관리중독이란 말이 생소할지 모르겠습니다. 말하자면 이런 겁니다. 초중고시절 자유를 원했지만, 막상 대학에 들어오니 누군가의 적당한 통제나 관리가 그리워지는 역설적 현상 뒤에는 바로 관리중독 증후군이 작동하고 있는 것입니다. 그에 반해 적극적 자유란 '~ 를 향한 자유(freedom to)' 혹은 '~로의 자유'를 말합니다. 한마디로 목적 지향적이고 자아실현을 위한 자유입니다. 자신의 감정적·감각적·지적 능력을 맘껏 표현하면서 바깥 세계와 자연스럽게 관계를 맺을 수 있는 자유, 그리하여 자신의 존재감과 고유성을 포기하지 않고도 세상과 소통할 수 있는 자유라고 할 수 있습니다. 스스로 자신의 주인이 됨으로써 자신의 선택을 이행할 수 있는 자유야말로 청춘들이 쟁취해야 할 진정한 자유일 것입니다.

앞서 말한 '관리중독증'은 자발적 속박 현상으로 이어지게 됩니다. 그토록 갈망하던 자유를 얻게 되자 그 자유가 감당하지 못할 만큼 큰 부담으로 느껴져 자유로부터 도피하고자 하는 아이러니가 발생하게 되는 것이죠. 외적 억압이 제거될수록 그에 비례해 내적인 억압이 생겨나게 되는데, 이러한 내적 억압이 무력감과 고독감과 새로운 두려움의 형태로 표출되기 때문입니다. 새장 속의 새의 욕망을 예로 들어 보죠. 새장 속에 갇혀있는 새는 끊임없이 바깥세상을 동경하지만, 막상 세상 밖으로 나오면 숱한 위험요소와 맞닥뜨리게 되죠. 자신을 노리는 천적을 경계해야 하고 스스로 먹이도 찾아야 하는 상황에서 다시 새장 속 공간을 그리워하게 되는 역설적 현상이 발생하는 것입니다. 그토록 갈망했던 자유를 이렇게 쉽게 포기해도 되는 것일까요?

각종 처세서가 인기 있는 이유도 자유로부터 도피하려는 사람들의 경향을 포착했기 때문일 겁니다. 자유에 적응하지 못한 사람들에게 마치 내비게이션처럼 '이렇게 해라, 저렇게 해라'하며 얼핏 보면 명확해 보이는 지름길과 목적지를 제시해주고, 그에 필요한 가이드라인까지도 친절히 일러주기 때문이 아닐까요. 많은 사람들이 자유를 손에 넣자마자 자신의 결점을 드러냅니다. 어떤 이는 지나친 방식으로, 어떤 이는 무책임한 방식으로 말입니다. 대학생이라면 진정한 자유의 사용법을 익히는 것이 중요하리라 봅니다.

참고 자료

르네 지라르(김치수·송의경 역): 낭만적 거짓과 소설적 진실, 한길사, 2001.
리처드 도킨스(홍영남 역): 이기적 유전자, 을유문화사, 2010.
수전 블랙모어(김명남 역): 밈, 문화를 창조하는 새로운 복제자, 바다출판사, 2010.
에리히 프롬(차경아 역): 소유냐 존재냐, 까치(까치글방), 2002.
에리히 프롬(김석희 역): 자유로부터의 도피, 휴머니스트, 2012.
에이브러햄 H 매슬로(정태연, 노현정 역): 존재의 심리학, 문예출판사, 2005.
자크 라캉(권택영 역): 욕망 이론, 문예출판사, 1998.

3강
재미있는 삶, 의미 있는 삶

인생을 어떻게 살 것인가? 어떤 가치를 추구하며 삶을 엮어 갈 것인가? 재미와 의미는 오늘날 현대인의 삶을 견인하는 가장 중요한 두 축이라고 할 수 있습니다. 진정한 행복이란 어쩌면 의미와 재미가 어우러질 때 그 가치가 극대화되는 것일지도 모릅니다. 의미 없는 재미는 맹목이고 재미없는 의미는 공허할 것입니다. 그러므로 재미있는 삶을 추구하되, 내 재미가 사회에 어떤 의미를 부여할 수 있는지 끊임없이 고민하고 자문해보는 자세가 필요합니다.

이번 강의에서는 어떤 삶이 재미있는 삶이고, 어떤 삶이 의미 있는 삶인가를 함께 고민해봄으로써 우리 시대 청춘들이 추구해야 할 삶의 가치를 환기시키고자 합니다. 가장 먼저 재미와 의미를 각각 즐거움과 기쁨의 범주에서 생각해볼 것입니다. 요한 호이징가(Johan Huizinga)의 '호모루덴스(놀이하는 인간)' 개념을 중심으로 재미의 가치를 포괄적으로 살펴본 다음 빅터 프랑클의 '로고테라피(logotherapy)'이론을 중심으로 의미 있는 삶의 방식을 조망해 볼 것입니다.

여러분은 재미있게 살고 있나요? 의미 있게 살고 있나요? 물론 재미와 의미 모두 추구하면서 사는 삶이 가장 이상적이겠죠. 다음 중 어떤 표현이 더 자연스러운가요?

(1) 재미있는 친구 ! 재미있는 세상!
(2) 의미 있는 친구! 의미 있는 세상!

아무래도 (1)의 표현이 더 자연스럽죠. 하지만 (2)의 경우에도 '내게'라는 단어를 앞에 붙여준다면 틀린 문장이 아니겠죠. 재미와 의미의 관계를 논어의 첫 문장을 통해 살펴볼까요?

學而時習之(학이시습지)면 不亦說乎(불역열호)아.
배우고 때로 익히면 또한 기쁘지 아니하랴!
(有朋(유붕)이 自遠方來(자원방래)면 不亦樂乎(불역락호)아.
벗이 먼 곳으로부터 찾아오면 또한 즐겁지 아니하랴!

학문은 '기쁘다'고 하고 친구가 찾아온 경우엔 '즐겁다'고 한 까닭이 무엇일까요? 나는 여기서 기쁨과 즐거움을 각각 '의미'와 '재미'로 해석하고 싶습니다. 학문을 실존과 내면의 차원에서, 친구는 관계의 차원에서 본다면 이런 해석도 가능하지 않을까요? 즉, 학문 = 의미, 친구 = 재미.

재미와 즐거움이 '나'를 위한 내적 가치라면 의미와 기쁨은 '세상'과 교감하는 외적 가치쯤 되지 않을까 생각합니다. 물론 이 해석은 어디까지나 내 주관적인 것이긴 합니다. 사실 기쁨과 즐거움을 명확히 구분하기란 쉽지 않은 일이죠. 그럼에도 두 단어는 맥락상 활용되는 쓰임새를 달리하는 경우가 많습니다.

다음의 경우를 보죠.

(1) 즐거운 여행/ 즐거운 식사시간/ 즐거운 방학
(2) 기쁜 소식: 대학 합격이나 회사 취직 소식/ 어머니가 건강을 회복하셔서 기쁘다.

어떤가요? 구별이 좀 되나요? 즐거움은 과정 중심이고 기쁨은 결과 중심이라 볼 수도 있겠군요. 삶에서 성취감을 느낀다고 말할 때는 기쁨의 감정이 더 어울려 보입니다. 그렇다면 여러분은 인생을 어떻게 살고 싶습니까? 내 생각엔 인생을 살아가는 방식엔 다음과 같은 네 가지의 유형이 있지 않나 싶습니다.

(1) 의미 있고 재미도 있음
(2) 의미 있되 재미는 없음
(3) 재미있되 의미는 없음
(4) 의미도 없고 재미도 없음

위의 유형을 여러분들의 친구 관계에도 한번 적용해보는 것도 흥미롭겠군요. 만일 내가 누군가에게 (1)번 유형이라면 가장 이상적일 테지만 행여 (4번) 같은 친구가 된다면 문제가 있는 친구 관계가 되지 않을까요?

재미있는 삶: 호모루덴스(놀이하는 인간)를 위하여

스콜라철학이란 말을 들어본 적이 있을 겁니다. 그리스어 스콜레(Scole)는 원래 '삶을 즐긴다'는 의미였습니다. 그런데 이 단어는 오늘날 두 개의 상반되는 의미로 쓰이고 있습니다. 하나는 '여가'를 의미하는 '레저(leisure)'로, 다른 하나는 배움의 공간인 '학교(School)'로 진화했습니다. 이 모순을 어떻게 받아들여야 할까요? 따지고 보면 사실 모순도 아닙니다. 학교는 자신이 정말 좋아하는 것을 찾아내어, 그것을 즐겁게 공부하는 곳이어야 합니다. 그것이 스콜레, 즉 학교가 추구하는 본래의 가치입니다. 수많은 고대 그리스 철학자들(아리스토텔레스, 플라톤 등)이 활동하던 시기에 최고의 여가는 토론이었습니다. 적어도 유럽의 학교는 지금도 이런 교육학적 이념에 충실하려고 노력하고 있습니다. 사실 교육을 뜻하는 영어 단어 Education은 '밖으로 이끌어내다'라는 의미입니다. 선생이 학생들에게 지식을 밖에서 안으로 주입하는 것이 아니라 학생들이 스스로 생각을 밖으로 드러낼 수 있도록 도와줄 뿐이라는 것이죠. 그래야만 자기 주도적 학습이 가능해지고 재미도 저절로 생겨날 테지요. 이처럼 학교는 재미와 의미가 하나가 되는 공간이어야 마땅하지만 안타깝게도 오늘날 대한민국의 교육환경은 그렇지 못한 것 같습니다. 학생들이 '사는 법'을 터득하느라 정작 제대로 된 '삶의 방식'은 소홀히 하게 되지 않았나 싶습니다. '사는 법'과 '삶의 방식'이 어떻게 다른지는 9강에서 구체적으로 다루도록 하겠습니다.

재미는 본능과 감성과 카오스에 가깝고, 의미는 정신과 이성과 코스모스에 가까운 것일까요? 이를테면 게임에는 의미가 없고 현실에는 재미가 없다는 이분법적 사고는 설득력이 있는 걸까요? 게임으로 세상을 바꾼 '놀공발전소'라는 회사는 그와 같은 고정관념을 깨트린 대표적인 경우입니다. 2010년 설립된 게임기반교육(Game Based Learning) 콘텐츠 개발 업체 '놀공발전소'의 사무실에는 만화책과 장난감 등이 가득합니다. 더욱 놀라운 것은 이 회사의 슬로건이 '노력 금지'라는 사실입니다. 이 회사는 게임 외적인 분야에 게임의 사고방식과 메커니즘을 도입해 참여자의 자발적인 관심과 참여를 유도하는 이른바 '게이미피케이션'(gamification)의 원리를 일터에서 실현하고 있는 것입니다. 노동기반 사회의 핵심원리가 근면, 성실이라면 지식 기반사회를 구성하는 핵심원리는 재미라는 것입니다. 창의적 지식은 재미있을 때 비로소 생겨난다는 것이 이 회사의 철학인 셈입니다.

이제부터는 재미의 대가(요한 호이징가)와 의미의 대가(빅터 프랑클)를 모시고 두 세계를 좀 더 구체적으로 살펴볼까 합니다. 먼저 재미야말로 인류 문명의 출발점이라 주장한 요한 호이징가를 소개합니다. '호모루덴스(homo ludens)', 즉 놀이하는 인간의 속성을 집중 조명한 네덜란드의 학자입니다. 그는 인류가 호모루덴스(놀이하는 인간)에서 출발해 호모파베르(도구를 사용하는 인간)와 호모사피엔스(생각하는 인간)를 거쳐 다시 호모루덴스로 회귀하는 경향을 보인다고 보았습니다. 그는 종교, 법률, 경기, 전쟁, 철학, 예술 등 인류의 모든 문화가 놀이에 기원을 두고 있으며, 문화가 놀이를 만든다는 기존의 관점을 뒤집고 놀이가 문화를 만든다는 파격적인 주장을 내놓았습니다. 놀이야말로 인간만의 원초적 속성이라는 것이지요. 그의 논리에 따르자면, 도자기나 패션의 탄생은 밥을 담고, 몸을 가리는 기능 이상의 무언가를 원한 호모루덴스의 열정이 있었기 때문에 가능했을 것입니다. 따지고 보면 모든 스포츠도 놀이에서 출발했을 테고, 모든 문화콘텐츠도 궁극적으로 인간의 놀잇거리를 만들어 내기 위함이 아닐까요? 문명은 항상 어떤 규칙에 따라 행해지는 놀이이며, 놀이의 가치는 페어플레이를 전제로 할 때 유효하다고 그는 말합니다. 놀이에 일정한 규칙이 필요한 이유는 룰이 깨지면 바로 재미가 없어지기 때문이겠죠. 그런 의미에서 출세나 성공을 위해 수단과 방법을 가리지 않는 것은 진정한 놀이가 될 수 없을 것입니다.

그렇다면 어떤 인물들이 호모루덴스적 삶을 추구하거나 옹호했는지 잠깐 살펴보고 넘어갈까요. 분석 심리학의 개척자인 칼 융(Carl Jung)은 "새로운 것의 창조는 지성이 아니라 놀이 본능에서 생겨난다."고 주장했고, 버트런드 러셀(Bertrand Russell)은 "재미의 세계가 넓으면 넓을수록 행복의 기회가 많아지며, 운명의 지배를 덜 당하게 된다."고 보았습니다. 그런가 하면 저명한 미디어 학자 마샬 맥루한(Marshall McLuhan)은

“놀이가 없는 사회나 인간은 하나의 공허한 자동기계(로봇)와 같은 ‘좀비 상태’로 침몰하게 될 것”이라 경고한 바 있으며, 물리학자 리처드 파인만(Richard Feynman)은 “내가 하려는 일이 물리학의 발전에 얼마나 기여하는가는 중요치 않다. 문제는 그 일이 얼마나 즐겁고 재미있느냐이다.”라며 호모루덴스적 삶의 철학을 들려준 적이 있습니다. 파인만은 핵 관련 프로젝트에 참가할 당시 보안상의 이유로 편지가 검열을 받자 가족과 암호를 만들어 해독게임을 즐기기도 했습니다. 그가 노벨물리학상을 받게 된 배경에는 재미와 놀이를 추구하는 사고방식이 있었습니다.

그렇다면 재미와 놀이는 어떤 속성을 갖고 있는 걸까요. 무엇보다 자유와 자발성이 보장돼야 하지 않을까요. 재미의 가장 중요한 전제 조건은 자신이 놀이 행위의 주체가 되어야 한다는 점입니다. 심리학에서 ‘선택의 자유(freedom of choice)’가 재미를 결정짓는다고 설명하는 이유도 그와 같습니다. 등산을 즐기는 분들이 많은데, 만일 누군가의 강제나 강요에 의해 산을 오르는 것이라면 즐겁거나 재미있을 리가 없겠죠. 두 번째 속성은 ‘탈일상성’입니다. 일상으로부터 어느 정도 거리를 둘 수 있는 환경이 필요하다는 의미입니다. 우리가 영화나 연극을 보며 즐거움이나 재미를 느끼는 것은 그 순간 내 현실과 다른 이야기와 맥락을 보여주기 때문이겠죠. 축제가 즐거운 이유는 내 지겹고 낡은 일상을 잠시나마 낯설게 해주기 때문일 테고요. 그런 점에서 사람들이 함께할 수 있는 광장형 축제문화가 차츰 사라져가는 건 안타까운 일입니다. 그나마 다행인 것은 공동의 축제문화를 대신해 줄 다양한 ‘밀실형’ 축제가 존재한다는 점입니다. 대표적인 것이 바로 노래방 문화라고 생각합니다. 노래방 ‘덕후’인 여러분들은 이미 호모루덴스의 후예들입니다.

요즘 들어 ‘욜로(YOLO)족’이란 말을 많이들 합니다. ‘인생은 단 한 번

뿐(You Only Live Once)'이라는 문장의 약자인 '욜로'에는 삶을 후회 없이 즐기며 사랑하고 배우라는 의미가 담겨있습니다. 그만큼 호모루덴스적인 요소를 많이 지니고 있다는 말입니다. 이들은 계획적인 소비보다는 그때그때의 욕구와 관련된 소비 활동을 더 선호하지만, 물질적인 것보다 비물질적인 소비, 즉 경험을 중시한다는 점에서 나름 자기배려의 삶을 살고 있는 셈입니다. 여행이나 학습 등 배움에 관련된 것이 소비의 주요 콘텐츠를 이루고, 획일화된 라이프스타일에서 탈피하려는 움직임을 보이는 걸 보면 말입니다.

흥미로운 사실은 재미(무의미)를 추구하는 삶이 역설적으로 가장 '유의미'한 생을 만들어주는 경우가 적지 않다는 점입니다.

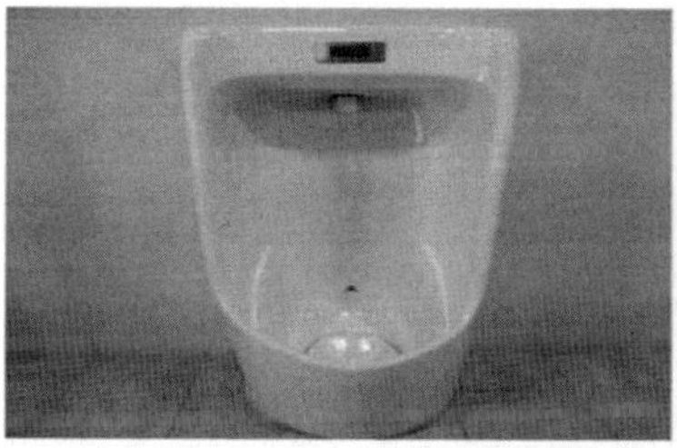
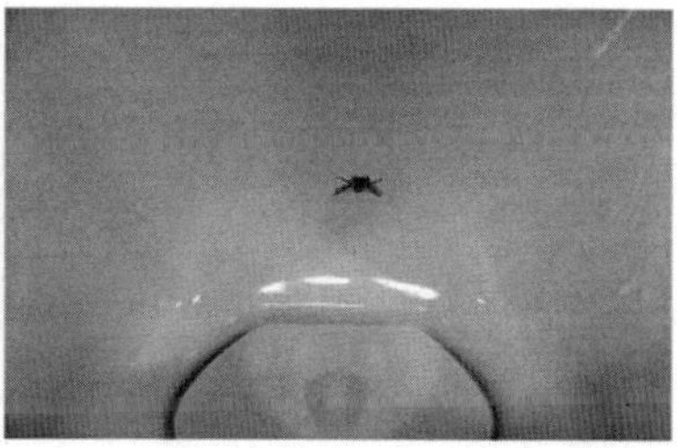

남자라면 화장실에서 위의 사진처럼 파리가 그려져 있는 소변기를 본 적이 있을 겁니다. 얼핏 보면 진짜 파리로 착각할 정도로 정교하게 그려져 있는 이 소변기의 탄생지는 암스테르담의 스키폴 공항화장실이었습니다. 이 기발한 소변기가 오늘날 전 세계적으로 대중화될 수 있었던 것은 한 남자의 재미 덕분이었습니다. 화장실 소변기에 붙어 신경을 거슬리게 하는 파리를 혼내주고 싶었던 이 남자는 '정조준'의 사냥기술을 활용했습니다. "남자가 흘리지 말아야 하는 것은 눈물만이 아니다."라는 금언에 번번이 자존심이 상했을 이 남자의 '사냥본능'이 재미를 넘어 의미를 만들어내는 순간이었습니다. 소변기에 파리를 그려 넣은 후 소변을 밖으로 흘리는 양이 20%로 줄게 되어 청소효율이 80%나 높아진 유의미한 성과를 거두게 된 것입니다. 최근엔 일본의 중소기업인 화이트래빗 익스플레스에서는 여기서 더 업그레이드된 소변기를 선보였다고 하는군요. 이 새로운 소변기에 붙어 있는 파리 스티커는 신기하게도 소변이 닿을 때마다 파리 그림이 희미하게 사라진다고 하는군요. 또한 스웨덴 스톡홀름의 오덴플랜 지하철역에선 밟으면 피아노 건반처럼 소리 나는 계단을 설치해 에스컬레이터의 사용을 현저히 줄일 수 있었답니다. 이 모든 사례는 재미가 의미 있는 결과를 창출해낸 경우들입니다. 재미를 의미로 승화시킨 또 한 인물은 여러분도 잘 아는 스티브 잡스입니다. 애플 창립자 잡스는 대학을 중퇴한 후 18개월 동안 '재미'있어 보이는 과목을 도강한 것으로 유명합니다. 그중 특히 캘리그라피(글씨를 아름답게 쓰는 기술) 수업을 좋아했는데, 이는 훗날 애플 컴퓨터의 우아하고 아름다운 서체가 탄생하게 되는 결정적인 배경이 됩니다. 이 또한 재미가 의미를 길어 올린 대표적인 예가 아닐까 생각합니다.

이쯤에서 제가 공부했던 독일 얘길 좀 해볼까 합니다. 저는 독일과 한국을 각각 이렇게 정의내리고 싶습니다. '독일은 재미없는 천국, 한국은 재미있는 지옥.' '다이내믹 코리아'를 국가 슬로건으로 삼을 정도로 우리나라는 재미라는 프레임을 강조하지요. 한국엔 있지만, 독일엔 없는 것이 많습니다. 24시 편의점, 노래방이나 찜질방과 같은 각종 방(房) 문화, 2, 3차 술자리 문화, 야식 배달문화 등 한국인이 볼 때 재미를 느낄 수 있는 문화가 시원찮은 편입니다.

전형적인 호모사피엔스적 인간형이라 할 수 있는 독일인들은 그래서 아우토반(Autobahn)과 축구와 맥주에 의존해야 했는지도 모릅니다. 히틀러가 자신에 대한 불만을 다른 쪽으로 유도하기 위해 이러한 '재미'를 산업화하는 전략을 펼쳤다는 것은 잘 알려진 사실입니다.

의미 있는 삶: 빅터 프랑클의 로고테라피(logotherapy)

그렇다면 의미 있는 삶은 어떤 것일까요? 개인적으론 촛불집회, 자선 활동, 봉사 활동, 투표, 내부고발자(양심의 호루라기를 부는 사람), 소녀상 제작 등이 떠오르네요. 이러한 활동은 그리 재미있지는 않을 겁니다. 하지만 의미 있는 일임엔 분명합니다. 이외에도 저마다의 가치관과 삶의 철학에 따라 의미 있는 일은 얼마든지 찾아낼 수 있겠죠.

빅터 프랑클의 로고테라피에 대해선 1강에서도 간단히 언급한 적이 있습니다. 로고테라피 이론은 고통과 시련에 굴복하는 이들에게 말 그대로 '삶의 의미'를 환기시켜줌으로써 궁극적으로 자기치유를 유도하는 인간의 본질적인 정신 활동입니다. 로고테라피에서 다루는 '인내적 인간'이란 고통과 시련을 자기 성장의 계기로 받아들여 인간적 성취를 일궈내는 인간을 의미합니다. 하지만 고통을 인간 조건의 본질적인 측면의 하나라 이해한다면 고통에도 어떤 식으로든 의미부여는 필요합니다. 도스토예프스키가 "내가 세상에서 한 가지 두려워하는 것이 있다면 그것은 내 고통이 가치 없는 것이 되는 것입니다."라고 한 말의 의미를 음미해보세요. 시련은 결과가 아니라 과정일 뿐이라는 믿음이 중요합니다. "인간은 노력하는 한 방황하기 마련이다"라는 괴테의 말도 이와 같은 맥락에서 이해할 수 있습니다. 괴테 선생에 대해서는 10강에서 집중적으로 다루겠습니다.

우리는 모두 어쩌면 각자 내면의 수용소를 가지고 있을지 모릅니다. 고통, 좌절, 분노 등으로 인해 삶의 의미를 저당 잡힌 사람들이라면 수용소에 갇힌 것과 다를 바 없을 것이기 때문입니다. 시시포스의 신화에 대해선 다들 잘 알고 있을 테죠. 시시포스는 신의 노여움을 산 탓에 크고 무거운 돌을 끊임없이 산 정상으로 밀어 올려야 하는 형벌을 받은 인물입니다. 끝이 보이지 않는 의미 없는 노동만큼 가혹한 형벌은 없다고 생각한 신들의 결정이었죠. 고통스러운 과정을 거쳐 바위를 산 정상으로 밀어 올리면, 바위는 다시 아래로 굴러 떨어져 버리기를 반복합니다. 이러한 운명이 더욱 비극적인 것은 바위를 산꼭대기로 올려놓는 노동의 고단함보다는, 그의 행위를 통해 어떠한 삶의 의미도 추구할 수 없다는 비참한 자기인식 때문이겠죠. 시시포스의 모습은 피로사회를 살아가는 현대인들의 삶을 그대로 닮았습니다. 나치는 수용소 포로들에게 무의미한 노동을 강제했다고 합니다. 이를테면 구덩이를 파게 하고 그 흙을 다시 묻게 하는 식으로 말이죠. 이처럼 의미를 빼앗긴 자리에 무력감이 찾아드는 순간 인간은 체념과 좌절의 희생양이 될 것입니다.

로고테라피의 행동강령은 인생을 마치 '두 번째로 살고 있는 것'처럼 살라고 조언합니다. 지금 당장 우리가 실행에 옮기려 하는 행동이 '첫 번째 인생에서 이미 한 번 시행착오를 겪었던 행동'이라 생각하라고 주문합니다. 이러한 사고는 절망감에 대한 면역과 삶의 책임감을 키워줄 것입니다. 프랑클이 의미하는 인간의 자유의지는 어떤 조건을 피할 수 있는 자유가 아니라 그가 어떤 조건에 처해 있든 그것에 대해 자신의 태도를 결정할 수 있는 자유의지를 말합니다. 상황이나 환경을 변화시킬 수 없다면 우리 자신을 변화시켜야 할 것입니다. 이것이 로고테라피 이론이 우리에게 선사하는 중요한 가르침입니다. 니체의 말대로 '별이 탄생하려면 카오스가 필요한 법'이니까요. 사람을 어떤 조건이나 상황을 초월해서 살게 하는 것이 삶의 의미입니다. 생의 분명한 의미를 찾는다는 것, 목적을 갖는다는 것은 살기 위한 필수 조건이라 할 수 있습니다. 살아가면서 나만의 개성과 고유성을 바탕으로 하면서도 보람과 즐거움을 찾을 수 있는 어떤 활동과 영역을 탐색하려는 자세가 필요합니다. 재미있게 살되, 내 재미가 어떤 사회적 의미를 갖는지 끊임없이 생각하길 바랍니다. "사람은 어느 한 극단으로 쏠림으로써가 아니라 두 극단에 동시에 닿음으로써 자신의 위대함을 보여준다."는 카뮈의 말처럼 말입니다.

참고 자료

빅터 프랭클(이시형 역): 죽음의 수용소에서, 청아출판사, 2005.
빅터 프랭클(이시형 역): 삶의 의미를 찾아서, 청아출판사, 2005.
요한 하위징아(이종인 역): 호모 루덴스, 연암서가, 2010.

4강

피로사회에서 힐링사회로

배려가 우리 사회의 중요한 미덕이 된 지는 오래입니다. 이는 우리 사회 곳곳에 배제의 문화가 만연되어있다는 사실을 반증하는 것이기도 합니다. 배제의 메커니즘은 무엇보다 과도한 경쟁과 성과주의에 의해 작동합니다. 누군가 승자가 될 때, 다른 누군가는 패자가 될 수밖에 없는 제로섬게임은 배제사회의 냉혹한 속성입니다. 출세지향주의와 이기주의에 의해 공동선의 가치가 무너지고 있는 지금 우리는 지독한 '피로사회'를 살고 있습니다. '피로사회'란 용어는 재독 철학자 한병철 교수의 〈피로사회〉라는 책에서 왔습니다. 한병철 교수는 이 책에서 현대사회의 패러다임 전환을 예리하게 포착합니다. 자아와 타자 사이의 적대성 또는 부정성을 근간으로 하는 사회에서 그러한 부정성이 제거된 사회, 부정성 대신 긍정성이 지배하는 사회로의 변화가 20세기 후반 이후 일어났다는 것입니다. 한병철 교수는 이 새로운 사회를 성과사회, 그리고 이 사회 속에 살고 있는 인간을 성과주체라고 명명합니다. 피로사회는 자기 착취의 사회입니다. 오로지 성과를 통해 존재감을 증명할 수밖에 없는 사회에서 우리는 스스로 가해자이자 동시에 피해자가 됩니다. 희망이라는 이름의 고문이 우리 사회의 불편한 진실을 고스란히 드러내는 키워드가 됩니다. 세상이 자신을 존중한다는 사실을 확인하지 못하면 스스로도 자신을 용납하지 못하게 만드는 사회는 얼마나 배타적이고 퇴행적인가요?

'노오력'하면 우리도 개천에서 용 날 수 있다는 신념이 현실의 판타지로 전락한 지 오래입니다. 희망고문이란 단어는 어떻게 해도 절망적인 결과만이 기다리는 극적인 상황 속에서 주어진 작은 희망으로 인해 오히려 더 괴롭게 되는 상황을 일컫는 말입니다. 희망이 아예 없다면 모든 기대를 포기하고 깔끔히 손을 뗄 수 있겠으나, 약간의 가능성이 보이면 그 가능성에 모든 것을 걸고 어떻게든 절망을 벗어나려고 노력하려는 인간의 심리를 그대로 반영한 서글픈 단어이지요. 긍정과 희망이라는 이름의 고문, 희망고문은 강요와 통제가 아니라 자유를 제공함으로써, 아니 자유롭다는 착각을 줌으로써 착취하는 고도의 전략인 셈입니다. 긍정의 힘을 통한 성공을 설교하는 처세 관련 책들이 서점이나 도서관이나 할 것 없이 차고 넘치는 현 상황은 이를 방증합니다.

과거의 사회가 '~해서는 안 된다'는 금지의 언어가 지배하던 사회였다면, 성과 사회는 '~ 할 수 있다'를 최상의 가치로 삼습니다. 오로지 능력과 성과를 통해서 주체로서의 존재감을 인정받을 수밖에 없는 사회에서 자아는 피로해지고, 스스로 설정한 요구에 부응하지 못할 때 좌절감이 찾아들겠지요. 이렇듯 규율사회의 부정성은 범죄자를 낳지만, 성과사회는 우울증과 낙오자를 만들어 냅니다. 자본주의를 살아가는 대부분의 성과주체는 자기 자신의 노동수용소를 짊어지고 있는 셈입니다. 자기 자신이 착취의 대상이 될 경우 내가 주인이자 동시에 노예가 되는 역설이 발생합니다. 결국 쓰러져 죽을 때까지 스스로를 착취하게 되는 것이죠. 이렇듯 피로사회는 자기 착취의 사회입니다. 피로사회를 힐링사회로 탈바꿈시키는 데 필요한 것은 다름 아닌 배려(자기배려와 타인배려)문화입니다.

이번 강의에서는 자기 착취를 부추기는 피로사회에서 스스로 힐링에너지를 충전시킬 수 있는 삶의 방식을 생각해 보고자 합니다. 자기 착취를 부추기는 피로사회에서 무엇보다 필요한 건 힐링에너지일 테고, 그 에너지는 다름 아닌 자기배려의 의지를 통해 충전될 수 있을 것입니다. '이웃사촌'의 따뜻한 정서가 '타인은 지옥'이라는 차가운 명제에 의해 잊힌 오늘날의 현실을 성찰함으로써 공존, 공생의 가치를 환기하고자 합니다. 번아웃(Burnout) 증후군, 스프링벅 현상, 타임 푸어(Time Poor) 등의 사회적 현상을 직시함으로써 희망고문이 일상화되어 있는 우리 사회의 구조적 모순을 비판적으로 들여다보고자 합니다. 배제사회를 야기하는 요소들을 짚어봄으로써 배려사회와 힐링사회 구현을 위해 필요한 덕목을 체득하고자 합니다. 노베르트 엘리아스는 자기배려와 자기통제가 가능해진 개인이 힘을 합쳐 하나의 사회적 흐름을 만들어내는 것을 문명화 과정이라 보았습니다. 그렇다면 우리 사회는 문명화의 퇴행을 겪고 있는 것일까요?

타인은 지옥? 환대의 미덕과 공동체 의식의 붕괴

"타인은 지옥이다." 철학자 사르트르의 이 말은 현대인의 삶의 풍경을 압축적으로 보여줍니다. 적어도 이웃사촌이란 말이 우리 사회의 정서를 대변하던 시절 타인은 '지옥'이 아니라 분명 '축복'이었습니다. 타인의 삶에 아로새겨진 켜와 결을 존중해줄 때 비로소 나의 삶 또한 풍요로워질 수 있다는 믿음이 공고했던 시절 나와 타인은 '우리'라는 언어로 소통했습니다. 더불어 사는 삶 속에서 환대의 미덕과 공감의 감수성을 키워냈던, 진정한 의미에서의 공감 사회였던 셈이지요.

하지만 점차 공동체적 가치가 개인주의적 삶의 논리에 의해 밀려나면서 타인을 불편한 존재로 간주하게 되는 경향이 자리 잡게 됩니다. 서로가 서로를 낯선 이방인으로 혹은 잠재적 경쟁자로 규정해가는 과정에서 우리 사회는 공감의 언어를 잃어버린 채 급기야 '위험사회'와 '피로사회'로 전락하고 말았습니다. 위험사회란 어떤 사회일까요? 흔히 3D업종이라 일컫는 '더러운 일(dirty)', '위험한 일(dangerous)', '힘든 일(difficulty)'이 넘쳐나는 사회를 말하는 것이 아닙니다. 원래는 삶의 질과 안전성을 높여 주리라 생각하고 믿고 사용했던 것들이 도리어 치명적인 위험요소로 작용할 가능성이 높은 사회를 의미합니다. 이를테면 '묻지마 폭행'이 비일비재하게 일어나는 우리 사회의 현실이 그렇고, 가습기 살균제나 친환경 달걀 등이 살인제 가습기나 살충제 달걀으로 둔갑하는 현실이 그렇습니다. A4용지 한 장도 안 되는 공간은 닭에게 친환경적이 될 수 없습니다. 이는 전형적인 인간중심주의적 발상이죠. 인간을 엘리베이터만 한 공간에 가두어 놓고 불을 켜둔 채 온종일 생활하라 한다면 어떤 반응이 일어날까요?

20세기 환경학 최고의 명저라 불리는 〈침묵의 봄〉에서 레이첼 카슨은 인간중심주의 폐해를 예리하게 지적한 바 있습니다. "이 참혹하게 망가진 세계, 새 생명 탄생의 소리를 들을 수 없게 된 침묵의 세계는 어떤 마술의 장난도 아니고 적의 침입을 받은 것도 아니며 바로 인간들 자신이 그렇게 만든 것이다."라는 성토는 인간중심주의의 욕망을 날카롭게 겨냥하고 있습니다. 인간중심주의는 자연이 인간을 위해 존재한다는 전제하에 인간의 편의와 목적에 따라 자연을 수단으로 삼으려는 의지에서 출발합니다. 하지만 인간중심주의가 치러야 할 대가는 혹독합니다. 인간이 자연생태에 개발 논리의 칼날을 들이댈 때, 그 결과는 인간의 생존을 위협하는 부메랑으로 되돌아올 것이기 때문이죠.

또한 이웃사촌이 사라진 사회에서는 잉여인간 혹은 투명인간이 생겨납니다. 이들은 자신의 존재감을 확인할 수 있는 '장소'를 잃어버린 사람들입니다. 장소라는 단어는 단순히 물리적인 공간일 수도 있지만, 사회적 역할이나 위치(position)를 가리키기도 합니다. 사회 안에서 자신이 머무를 장소가 어디인지 모르는 사람들이 점점 늘어나고 있습니다. 이러한 장소 상실은 한때 특정한 범주의 사람들에게만 해당되는 예외적인 상황으로 인식되었지만, 지금은 대부분의 사람들에게 현실적인 위협으로 다가오고 있습니다. 이를테면 이른바 '노키즈존(No Kids Zone)'이 확산되고 있는 현실을 보면 아이들 또한 한국 사회에서 '장소'를 갖지 못하는 존재들로 전락하고 있는 듯합니다. 음식점이나 카페 등 공공장소에서 예절을 지키지 않는 일부 부모들 탓에 아이들이 집단 혐오의 희생양이 되고 있으니 말이죠. 상식과 공공성의 원리를 미처 익히지 못한 존재들을 공적 공간에서 배제하려는 흐름은 과연 온당한 것일까요? 공공장소에서 타인의 시공간을 침해하는 존재가 비단 아이뿐일까요? 우리는 누구나 한때 아이였고, 언제든 누군가에게 불쾌감과 불편함을 안겨줄 가능성이 있는 불완전한 존재들이 아닐까요? 환대의 미덕이 살아 숨 쉬는 건강한 사회가 되려면, 마사 누스바움이 〈혐오와 수치심〉에서 말한 바처럼, "공통의 인간성에 내재된 취약성을 인정하는 기반 위에서 있는 사회"를 만들어 가야 할 것입니다.

심각한 공감 결핍증의 사회

심각한 공감 결핍증에 걸려있는 우리 시대의 슬픈 자화상을 들여다볼까요. 우리는 지금 온갖 폭력문제 · 정치적 갈등 · 종교적 불관용 · 부의 불평등 · 인권탄압 · 자살 등 사회 전반에 걸쳐 총체적 위기상황에 봉착해 있습니다. 이 모든 것은 세대 · 계층 · 이념 · 성별 간의 신뢰 관계가 깨지고 공공선(公共善)이 무너진 현실에서 너나 할 것 없이 자기중심적인 사고와 집단이기주의적 행태를 체득한 결과라 생각합니다. 요컨대 공감 문화가 퇴색되면서 아름다웠던 공존의 기억을 상실하게 되었기 때문입니다. 공감이란 타인의 입장에 서보고, 타인의 느낌과 가치관을 이해하며, 그렇게 이해한 내용을 나의 행동지침에 반영하려는 적극적 의지라 할 수 있습니다. 수많은 사회적 약자들, 이를테면 소외된 노인들의 눈으로, 버려진 아이들의 눈으로, 해고된 노동자의 눈으로, 차별받는 외국인 노동자들의 눈으로 세상을 바라보는 일입니다. 하지만 언제부터인가 우리 사회는 이들과 소통할 언어 감각을 스스로 무뎌지게 만들었습니다. '내가 누군가에게 혜택을 준 만큼 그 대가를 어떤 식으로든 돌려받아야 한다'는 왜곡된 호혜의 법칙을 삶의 원칙으로 받아들인 결과이겠죠. 내가 이해하고 교감하고 싶지 않은 존재, 그래서 내 삶의 괄호 밖에 두고 싶은 존재들은 그 순간부터 내겐 불쾌하고 불편한 타인이 되고 맙니다.

어느 유명한 학자가 '마비사회'란 용어를 쓰는 걸 본 적이 있습니다. 우리 사회에 만연되어있는 온갖 부조리와 퇴폐풍조, 그리고 그에 따른 사회 구성원의 고충을 제대로 인식하지 못하는 둔감성이나 불감증을 지적하기 위한 용어입니다. 독약이 우리의 몸을 마비시켜 파멸로 이끌듯이, 옳고 그름에 대한 판단능력이 마비된 사회는 죽은 사회와 다를 바 없다는 것이죠. 그 학자가 비판하고자 하는 직접적인 대상은 승자와 패자를 날카롭게 경계 짓는 냉혹한 교육 시스템이지만, 우리 사회를 마비사회라 부를 만한 요소는 그 외에도 많습니다. 예컨대 비정규직이나 사회적 소수자들의 고통과 애환에 눈과 귀를 닫아 버린 우리 시대의 삭막한 풍경을 떠올려보세요. 인간적인 유대감과 연대감이 느슨해지고 건강한 비판 정신이 빛을 잃게 될 때 어쩌면 우리 사회 전체가 휠체어에 의지하게 될지도 모를 일입니다.

직장, 학교, 지하철, 엘리베이터 등 일상의 모든 공간들이 '바라봄'의 공간에서 '노려봄'의 공간으로, 소통의 영역에서 경계의 영역으로 변질되는 까닭도 여기에 있습니다. 공감과 소통의 의지가 개입과 간섭으로 해석되는 사회에선 낯선 타인은 그 자체로 불신의 대상이 될 수밖에 없습니다. 하지만 여기서 우리가 알아야 할 중요한 사실이 있습니다. 내가 타인을 지옥으로 느끼는 만큼, 타인 또한 나를 지옥으로 느낄 것이라는 점 말입니다. 어차피 낯섦과 낯익음의 경계를 쉴 새 없이 넘나들 수밖에 없는 우리들이라면, 그래서 누군가에겐 늘 이방인일 수밖에 없는 우리들이라면 외려 그 낯섦을 적극적으로 공유하고자 하는 발상의 전환이 필요하리라 봅니다. 어쩌면 환대의 윤리나 공감의 능력은 낯섦을 공유할 때 비로소 온전히 체득할 수 있는 게 아닌가 싶습니다.

공감은 인간이라면 누구나 가지고 있는 위대한 잠재능력 중의 하나임이 분명합니다. 그러므로 우리는 이제 '나는 생각한다, 고로 존재한다.'라는 독백의 언어를 '네가 존재한다, 고로 내가 존재한다.' 는 공감의 언어로 바꾸어 읽어야 할 시점에 와 있습니다. 그 어느 때보다도 인간관계에 대한 비판적 성찰과 인식전환이 절실히 요구되는 이 시대에, 공감의 언어와 기억을 되찾는 일은 무엇보다 중요한 과제일 것입니다. 배려와 이해, 포용과 관용, 위로와 격려. 공감의 언어를 채우는 아름다운 말들입니다. 공감의 언어로 수놓아진 세상에선 우리는 어느덧 서로에게 지옥이 아니라 구원자가 되어있을 것입니다.

아프리카 부족이 사용하는 말 중에 '우분투 UBUNTU'라는 인사말이 있습니다. 그 의미는 '네가 있기에 내가 있다(I am because you are)'라는 뜻으로 타계한 넬슨 만델라 대통령이 자주 강조해 널리 알려지기 시작했습니다. 한 인류학자가 아프리카 한 부족의 아이들을 모아놓고 게임을 제안했습니다. 나무 옆에 달콤한 딸기 바구니를 놓아두고 누구든 먼저 뛰어간 아이에게 모두 다 주겠노라 했습니다. 앞다투어 뛰어가리라 예상했던 것과 달리 그 아이들은 미리 약속이라도 한 듯이 서로의 손을 잡고 함께 달리기 시작했습니다. 바구니에 다다르자 아이들은 모두 함께 둘러앉아 과일을 사이좋게 나눠 먹었습니다. 인류학자는 아이들에게 "누구든 1등으로 간 사람에게 모든 딸기를 다 주려고 했는데 왜 손을 잡고 같이 달렸지?"라고 묻자 아이들은 일제히 '우분투'라고 외쳤습니다. 그리고 한 아이가 되물었습니다. "나머지 다른 아이들이 다 슬픈데 어떻게 나만 기분 좋을 수가 있죠?" 그렇습니다. 우분투는 '같이의 가치'를 온몸으로 실현하는 정신입니다.

배제사회의 메커니즘: 인정(認定) 중독과 인정투쟁

경쟁사회에서 우리 몸은 어떤 형태로든 영수증을 제시합니다. 가장 값비싼 대가는 이른바 '번아웃(burn out) 증후군'이라 불리는 완전 탈진 상태입니다. 미국의 정신분석학자 H. 프뤼덴버그가 이름 붙인 이 용어는 자신의 모든 에너지를 다 태워버려 극심한 무기력감을 느끼게 되는 최악의 상황을 일컫는 말입니다. 무한 경쟁이 일상화되어 있는 사회에서 성과 주체는 자발적으로 자기 자신을 착취하게 되는데, 이 경우 그는 가해자인 동시에 피해자가 될 수밖에 없습니다. 이렇듯 성과 주체가 자기 자신의 노동수용소를 짊어지고 살아갈 수밖에 없는 상황에서 발생하는 실존적 딜레마, 이것이 바로 이른바 '탈진 우울증'의 원인입니다. 그렇다면 왜 우리는 스스로를 혹사하게 되는 걸까요?

인정(認定)투쟁과 인정중독을 강요하는 사회분위기 탓이 아닐까 생각합니다. 누군가에게 인정받는다는 것은 중요한 삶의 동기유발 요소 중의 하나임엔 분명합니다. 문제는 "사람들은 누구나 타인을 인정하기보다 타인으로부터 인정받기를 원한다."는 헤겔의 말처럼 인정투쟁이 냉혹한 경쟁지상주의를 부추긴다는 점입니다. 인정투쟁과 인정중독이 자연스런 현상으로 받아들여지는 사회에서 모든 사회적 고통의 책임은 스스로에게 물을 수밖에 없는데, 이 논리에 의해 청춘들의 회복탄력성은 차단됩니다. 다른 사람으로부터 인정을 받으려는 욕구로 인해 실현 불가능한 완벽주의를 추구하게 되고, 인정투쟁에 실패하게 될 경우 자신이 무가치하다고 느끼게 되는 것이지요.

사회는 거대한 극장과도 같습니다. 수많은 무대를 만들어 놓고 우리에게 다양한 배역을 맡겨옵니다. 가정, 직장, 학교, 동호회 등 수많은 무대를 옮겨 다니며 최상의 연기를 펼쳐 보이라고 요구합니다. 주어진 대본은 헌신, 사랑, 실적, 최선, 의무, 취미 등 실로 다양합니다. 역할이 취소되기도 하고 주연에서 조연으로 배역이 바뀌기도 합니다. 자신의 존재감을 드러내지 못할 경우 더 이상 무대에 설 수 없을지도 모릅니다. 그렇다보니 우리의 잠재의식은 항상 연출자와 관객들의 인정과 관심을 갈망할 수밖에 없을 겁니다. 인정투쟁과 인정중독이 일상화되어 있는 환경에서 적응자는 정상, 비적응자는 비정상이라 지칭되는 게 현실입니다. 누군가를 비정상으로 선언하는 일은 상대의 사회적·문화적 지위를 규정하는 일종의 권력 행사입니다. 이 경우 권력은 낙인효과를 발휘하며 작동하게 됩니다. 사회적 규범에 부합할 능력이 있는지, 그렇지 않은지의 여부에 따라 위너와 루저로 나뉘게 되는 것이지요.

여기서 우리는 다시 타인의 존재를 생각해 볼 필요가 있습니다. 타인은 객관적으로 존재하는 단순한 인간이 아니라, 사회 공동체 안에서 내가 배려해야 할 모든 대상을 의미합니다. 그러므로 타인과의 소통 방식은 마땅히 윤리적이고 관용적이어야 합니다. 타인과의 만남은 그를 나의 소유로 만들어 지배하고 향유하는 방식이 되어서는 안 됩니다. 내 삶이 의미를 가질 수 있기 위해서는 바로 이들 타인들과의 관계가 절대적으로 필요하기 때문입니다. 인간적인 삶을 경험한다는 것은 엄밀한 의미에서 타자를 통한 경험일 수밖에 없습니다. 우리 주변엔 수많은 타인들이 존재합니다. 사회적 약자와 소수자, 소외되고 '아웃'된 자들 등 상처 입은 영혼들이 너무도 많습니다.

그들의 이름을 힘껏 불러주고 그들의 부름에 친절히 응답해주는 것이야말로 공감과 공존의 미덕일 것입니다. 그리고 그러한 배려야말로 나의 존재감을 확인해주는 진정한 증표가 아닐까요.

헤겔 같은 철학자는 나와 타인의 관계를 주로 대결 구도로 논의하고, 프로이트나 라캉 같은 정신분석학자는 타인을 나라는 주체를 형성하기 위해 반드시 필요로 하면서도 어쩔 수 없이 억압하거나(작은 주인) 혹은 따라야만 하는 존재(큰 주인)로 파악합니다. 또한 레비나스 같은 철학자는 타인을 내가 존재하기 위해 필수적일 뿐만 아니라 적극적인 공존을 모색해야 할 상대로 여깁니다. 가장 윤리적인 경우이지요. 그러니까 가부장적, 남성 중심적, 이성애자 중심적, 백인 중심적 사고틀에서 주변부로 축출된 존재인 여성, 동성애자, 유색인종 등은 모두 타인이라고 볼 수 있지요. 그렇다면 우리는 타인이 가지고 있는 그대로의 모습을 존중해줘야 할 것입니다. 나에 의해 변형되거나 훼손되지 않은 본연의 모습으로 말입니다.

타인을 온전히 이해할 수 없다면 참아 내는 능력이라도 길러야 한다는 괴테의 삶의 철학은 그런 점에서 공존의 미학을 시사합니다. 참아 내는 능력은 관용의 가치를 일컫는데, 이 관용의 가치가 퇴색될 때 사회적으로 어떤 문제들이 불거지는지에 대해서는 역사가 잘 증언해 왔습니다. '문화충돌론'이니 '문화 제국주의'니 하는 담론들은 바로 타자를 인정하려 하지 않는 불관용주의에 뿌리를 두고 있습니다. 그러므로 배려와 공존의 가치를 담보하기 위해 우리는 한나 아렌트의 말처럼 '타인의 입장에서 사유하기'를 멈추지 말아야 할 것입니다. 그렇지 않을 경우 우리 모두는 서로에게 그야말로 '지옥'과 같은 존재로 살아가게 될 것이니까요.

인생은 속도가 아니라 방향이다

성과사회에서 속도는 절대적 경쟁력 중의 하나입니다. 생각의 속도, 정보의 속도, 학습의 속도, 업무의 속도, 결정의 속도가 인생의 성패를 좌우합니다. 그야말로 속도 강박증을 부추기는 호르몬인 아드레날린(Adrenalin)의 독재 속에 살고 있는 것이지요.

스프링벅은 아프리카에서 서식하는 초식동물입니다. 과거에 이 스프링벅이 집단 떼죽음을 당하는 사건이 자주 발생했다고 합니다. 아프리카의 건조한 초원에서 풀을 뜯으며 생활하는 이 녀석들은 수백 마리의 대형 무리를 형성하는데, 시속이 94km나 될 만큼 빨라 치타조차도 쉽게 잡지 못한다고 합니다. 이런 스프링벅이 어떻게 집단 떼죽음을 당하게 된 것일까요? 아프리카 과학자들은 이 현상을 밝혀내기 위해 그들의 습성을 연구한 결과 놀라운 사실을 발견하게 됩니다. 선천적으로 타고난 식욕을 가진 스프링벅은 무리를 지으며 풀을 먹곤 하는데, 특이한 점은 다른 누군가가 자신의 앞에서 풀을 뜯는 꼴을 못 견뎌 한다는 것입니다. 녀석들에겐 배를 채우는 행위보다는 '더 앞으로', '더 빨리'가 더 중요한 가치였던 셈인 거죠. 수백 마리가 목적을 상실한 채 사력을 다해 달리다가 강이나 절벽으로 뛰어들어가 집단 떼죽음을 당하게 된 이유입니다. 이렇게 맹목적으로 무모한 경쟁을 벌이는 것을 스프링벅 현상이라 부릅니다. 우리 한국 사회와 많이 닮아있지 않나요?

한국인의 일상은 '타임푸어(Time Poor)'라는 말로 대변됩니다. 말 그대로 '시간 빈곤'을 의미합니다. 시간이야말로 한국사회에서 가장 희소하고 결핍된 자원 중 하나입니다. 학업은 물론 아르바이트와 취업 준비 등으로 바쁜 일상을 보내고 있는 대학생 상당수가 시간 스트레스에 허덕이고 있습니다. 얼마 전 한 언론매체에 공개된 통계자료에 따르면, 하루 일과 중 대학생들의 타임푸어에 가장 큰 영향을 미치는 요인은 '장시간의 아르바이트'가 1위를 차지했습니다. 이어 2위 '취업 스터디, 영어 공부 등의 취업준비', 3위 '학교 과제 및 시험 준비', 4위 '왕복 3시간 이상 소요되는 장거리 통학' 등의 순이었습니다.

이쯤에서 니체 선생의 예리한 지적을 들어보죠. "빠른 것을 좋아하는 그대들, 그대들은 결국 자신을 견뎌내지 못할 것이며, 그대들의 조급함은 자기 도피이자 자기 자신을 망각하려는 의지에 다름 아니다." 이처럼 속도중독은 개인을 집단 피로사회의 희생물로 만들며, 그 과정에서 스스로의 존재감을 망각하게 만드는 진통제이자 마취제로 작용할 공산이 큽니다. 남들과 똑같은 생활을 추구하다 보면 나 자신을 잃어버리는 때가 있습니다. 자신의 인생이 남들보다 조금 느리다고 해서 결코 조급해 할 필요가 없고 의미 없는 비교로 시간을 낭비할 필요도 없습니다. 세상엔 수만 가지의 꽃이 있지만 그 각각의 꽃은 피어나는 시기가 조금 다를 뿐 저마다 고유의 아름다움을 지니고 있지 않은가요? 괴테 선생이 말한 것처럼, 인생은 속도가 아니라 방향입니다. 누가 먼저 도착하느냐가 중요한 게 아니라 어디로 향하는지가 더 중요합니다.

희생양을 필요로 하는 사회

르네 지라르는 〈폭력과 성스러움〉에서 인간의 모든 종교적, 문화적 활동에 희생양 메커니즘이 들어 있음을 밝힙니다. 희생제의(犧牲祭儀)란 일정한 명분 아래 공동체가 특정 개인에게 희생을 강요하는 행위를 말합니다. 종교나 정의, 혹은 집단의 평화를 위해 개인에게 일종의 폭력을 행사하는 것이라 할 수 있죠.

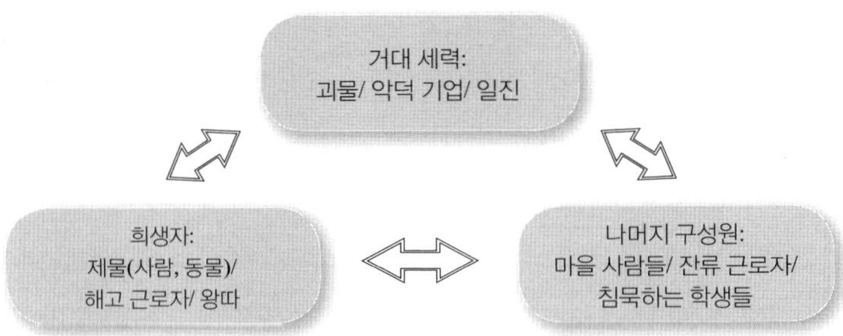

(현대사회의 희생제의 메커니즘)

희생제의 메커니즘은 2강에서 살펴보았던 모방욕망의 문화에서 비롯된 부정적 효과라고 할 수 있습니다. 그 명분으로 집단의 평화를 내세우지만, 이는 엄연히 집단이 개인에게 행사하는 폭력 행위입니다. 중세 때의 마녀사냥도 같은 맥락으로 이해할 수 있겠죠. 중요한 것은 여기서 말하는 '희생'은 죽음(숭고한 죽음이든 단순한 죽음이든) 뿐만 아니라 타인에게 행사하는 폭력 행위(언어폭력, 상징폭력)와 배제 행위(왕따, 소외)까지도 포함하는 개념이라는 점입니다.

전래동화에 보면 거대 자연물(용, 이무기, 성난 바다 등)에 사람을 제물로 바침으로써 나머지 구성원들의 평화와 안녕을 도모한다는 이야기가 종종 나옵니다. 물론 그때마다 어딘가에서 백마 탄 왕자가 나타나 괴물을 물리치고 괴물의 희생양이 될 뻔한 사람을 구해주곤 하지만 말입니다. 그런데 이러한 야만적 희생제의의 메커니즘은 동화 속의 이야기로만 존재하는 걸까요? 유감스럽게도 그렇지 않습니다. 괴물의 자리에 악덕 기업이나 '일진'을, 희생자의 자리에 해고 근로자나 '왕따 학생'을 각각 대입시켜 생각해 보세요. 어떤 그림이 그려지나요? 이른바 악덕 기업이나 일진이라는 거대세력 앞에 특정 학생이 제물로 희생될 때 나머지 구성원들은 어떤 기분이 들까요. 어쨌든 나의 희생이 아니라는 안도감? 다음번엔 내 차례가 될 수 있다는 두려움? 막연한 안타까움? 철저한 무관심? 대답이 어느 쪽이든 우리가 알아 두어야 할 것은 이 시대에 백마 탄 왕자란 더 이상 존재하지 않는다는 사실입니다.

그렇다면 무고한 특정 개인을 제물로 삼는 이 폭력적 시스템을 타파하기 위해서 우리는 어떻게 해야 할까요. 이 물음은 우리 사회에 만연해 있는 배제문화와 소외현상을 어떻게 극복할 것인가의 질문이기도 합니다. 오늘날 우리 사회에서 타인이 희생되는 것을 지켜보면서도 수수방관하고 마는 경향이 점점 더 심화되고 있는 건 왜일까요? 남과 다른 발언을 하거나 튀는 행동을 했을 때 감당해야 할 불이익이 두려워 결국 침묵을 선택할 수밖에 없게 되는 이른바 '침묵의 나선이론'이 작동하기 때문일까요? 결국 자신도 희생양이 될까 두렵다면, 남의 희생을 외면하지 말고 그 사악한 시스템을 바꾸기 위한 투쟁에 동참해야 하지 않을까요? 촛불의 힘이 증명했던 것처럼.

심리학 전문가들은 인간관계에 영향을 주는 대표적 요인으로 유대감, 상호형평성, 개방성을 꼽습니다. 건강한 사회는 누군가의 '위'에 서는 것이 아니라, 누군가의 '곁'을 지켜주는 사회입니다. 그래야 서로 간의 이해의 지평이 열리고 대화의 말길이 트일 것이기 때문입니다. 루쉰의 〈아Q정전〉은, 강한 자에게는 비굴하지만 자기보다는 약한 자들에게는 무자비하게 분풀이해버리는 '아Q'라는 인물을 다루는 책입니다. 서로 연대하여 폭압적인 '갑'의 문화에 맞서는 대신 '을'들끼리 아귀다툼을 벌이느라 서로의 삶을 더욱 비루하게 만드는 수많은 아Q들이 우리의 자화상이 되어서는 안 될 것입니다. 역설적으로 빈곤의 평등이 구현되는 사회를 원하지 않는다면 말입니다.

희생제의와 관련해서 어떤 학생이 내게 던진 질문이 기억이 납니다. 마이클 샌델이 〈정의란 무엇인가〉에서 분석사례로 제시한 내용인데, '해양 표류 중이던 4명의 선원이 아사 직전의 상황에서 병든 다른 한 사람을 잡아먹은 경우'도 희생제의라 볼 수 있는가 하는 것이었습니다. 여러분의 생각은 어떻습니까? 나는 엄밀한 의미에서 이 경우는 희생제의의 메커니즘을 충족시키지 못한다고 답했습니다. 희생제의의 3대 요소 중의 하나인 '절대 악'의 요소가 빠져있으니까요. 이 경우엔 오히려 공리주의적 이성과 윤리적(성찰적) 이성의 충돌문제로 봐야 하지 않을까 생각합니다. '최대다수의 최대행복'이라는 공리주의 시각에서 보자면 식인행위자들은 공리를 극대화한 셈이 될 것이고, 칸트가 말한 '어떠한 경우에도 인간을 수단으로 대하지 말고 목적으로 대하라'는 윤리적 이성 측면에서 본다면 식인행위는 절대 용서받을 수 없는 비인간적 행위가 될 것입니다.

감시사회: 시선의 규율과 감시의 내면화

피로사회를 부추기는 또 하나의 원인은 우리 사회가 전방위적 감시사회로 빠르게 변모해 가고 있다는 점입니다. 파놉티콘(Panopticon)이라는 말 들어보셨나요? 영국의 철학자이자 법학자인 제러미 벤담이 제안한 일종의 감옥 건축양식을 말합니다. 파놉티콘의 어원은 그리스어로 '모두'를 뜻하는 'pan'과 '보다'를 뜻하는 'opticon'을 합성한 것으로, 벤담이 소수의 감시자가 모든 수용자를 자신을 드러내지 않고 감시할 수 있는 형태의 감옥을 제안하면서 이 말을 만들었다고 합니다. 6층 정도의 원형 건물을 세우고 수감시설을 이 건물에 배치합니다. 수감실의 문은 내부가 들여다보이도록 만들어지고 그 앞에는 좁은 복도가 펼쳐져 있습니다. 중앙에는 원형의 감시탑이 있어 이곳에 감시자들이 머물게 됩니다. 감시탑에서는 각각의 수감실 내부를 훤히 들여다볼 수 있지만, 수감자들은 감시자가 자신을 감시하고 있는지의 여부를 알 수가 없습니다. 그 결과 감시자가 없어도 수감자들로서는 감시자의 부재를 인식하지 못하기 때문에 실제로 감시자가 있는 것과 같은 효과를 내게 되는 원리입니다. 한마디로 시선의 규율과 감시의 내면화가 극대화되는 시스템이죠. 푸코라는 학자는 이러한 파놉티콘의 이론을 사회적 이론으로 발전시켰는데, 국가적 권력 자체가 이러한 파놉티콘에 해당된다고 보았습니다. 개인은 그러한 파놉티콘에 갇힌 개체로서, 항상 국가의 감시가 있을지도 모른다는 가능성으로부터 탈출할 수 없는 존재라고 본 것입니다. 이러한 논리는 오늘날과 같은 정보화 사회에서 개인의 일거수일투족이 감시와 관리의 대상이 될 수도 있다는 우려를 뒷받침해줍니다. 아닌 게 아니라 감시 통제 관리의 유령이 우리 사회 전체를 배회하고 있는 느낌이 듭니다. 심지어 요즘엔 '알바호출 팔찌'라는 시스템을 활용해 노동통제의 효율성을 높이는 업체까지 등장하는 걸 보면 말입니다.

이쯤에서 빅브라더(Bigbrother)얘기를 안 할 수가 없겠군요. 빅브라더는 영국의 소설가 조지 오웰의 작품 〈1984〉에서 비롯된 용어로, 정보 독점을 통해 사회를 통제하는 권력 또는 사회 체계를 의미합니다. 전체주의 혹은 독재자로 해석되기도 하지요. 전체주의란 국가라는 이름을 내세워 국민 개개인을 일률적이고 강압적으로 통제하려는 정부 형태입니다. IT 인프라의 최첨단 시대를 살고 있는 오늘날 우리는 다양한 빅브라더와 함께 살아가고 있습니다. 대표적인 것이 바로 CCTV라 할 수 있겠죠. '빅데이터'를 기반으로 하는 구글 · 페이스북 · 애플 · 아마존 등도 일종의 빅브라더인 셈입니다. 현대 사회의 빅브라더는 우리에게 안전하고 편리한 생활 여건을 제공해 주지만 개인 사생활 침해 등 심각한 역기능 또한 있는 게 사실입니다. 누가 어디서 카드 결제를 했는지, 그가 온라인 서점에서 구매했던 책이 무엇이며, 연인과 함께 다녀온 여행지는 어딘지 등의 개인 정보들이 우리도 모르게 일목요연하게 정리되고 있는 게 현실입니다. 문제는 빅데이터를 활용해 만든 정보에는 개인의 직업과 소득, 생활방식 등이 구체적으로 드러날 수 있는 만큼, 만일 이런 세부적인 개인 정보들이 유출되어 악용될 경우 심각한 부작용이 야기될 수 있다는 점입니다. 만일 내가 모르는 누군가가(기업이든 국가든) '나는 당신이 어제 하루 24시간 동안 무슨 일을 했는지 10분 단위로 파악하고 있습니다.'라고 한다면 어떨까요? 생각만 해도 끔찍하지 않나요?

흥미롭게도 최근엔 이에 대한 대안으로 '시놉티콘(Synopticon)'이란 용어를 만들어 사용하더군요. 파놉티콘에 반대되는 개념으로 소수 권력의 감시에 맞선 대중의 역감시를 의미합니다. 과거처럼 소수만이 권력과 언론을 독점하고 다수의 일반 시민을 통제하는 체제가 아니라 일반 시민들 역시 자신들을 감시하는 권력자를 감시하고 통제한다는 것이죠. 민주주의 사회에서 당연히 환영할 만한 움직임이 아닌가 싶습니다.

불평등 사회와 소외 사회

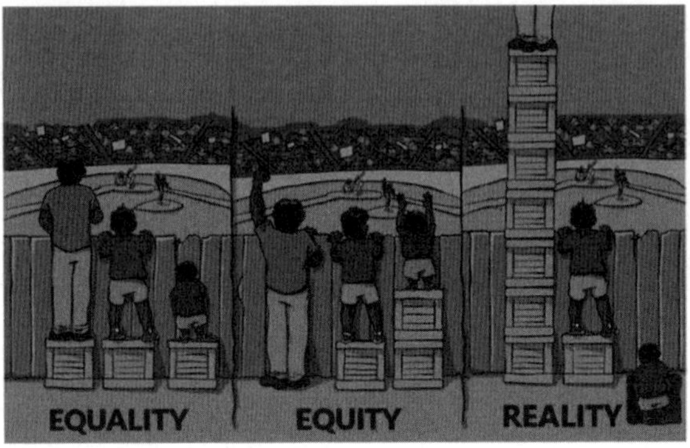

(출처: https://pixabay.com)

여러분은 위 그림을 보고 어떤 생각이 드나요? 공평과 평등의 차이가 느껴지나요? 모두에게 동일한 것이 주어지는 것이 평등이라면, 각 사람의 형편을 고려하여 그 수준을 비슷하게 맞춰 주는 것을 공평이라 부르지요. 마지막 그림은 적자생존 혹은 약육강식의 냉혹한 현실을 보여줍니다. 한 사회의 합리성과 성숙도는 약자와 탈락자를 관리하는 수준에 대한 지표라 할 수 있을 겁니다. 그게 국가나 사회시스템으로서의 진정한 '복지'개념이겠죠.

요즈음 한국 사회는 온갖 사회적 부조리와의 전쟁을 치르고 있는 중입니다. 특혜와 편법, 부정부패, 전관예우, 낙하산 인사, 불공정 거래 등이 법의 심판을 받는 것은 기회의 평등을 훼손하기 때문입니다. 무엇보다 수저계급론이라 불리는 태생적 기회의 불평등성이 가장 치명적입니다. 젊은 세대들이 한국 사회의 공정성과 공공성에 짙은 불신감을 갖는 것은 바로 이 상대적 박탈감 때문이라 생각합니다. 이른바 '기울어진 운동장'이론도 이와 같은 맥락입니다. 운동장에서 축구를 하는데 운동장이 자기 팀의 골대 쪽으로 기울어져 있어서 상대 팀이 골을 넣기가 훨씬 쉬운 상황이라면 어떨까요? 기회균등은 기본적으로 출발선상에서의 평등을 의미합니다. 대부분의 선진국에서 초등학교에서 대학에 이르기까지 완벽에 가까운 양질의 무상교육을 실시하는 까닭은 출발선상의 기울어진 운동장을 허용하지 않겠다는 의지에서입니다. 물론 여기서 말하는 평등은 기회의 평등이지 결과의 평등은 아닙니다. 꿈을 실현할 수 있는 기회를 평등하게 부여한다는 말이 그 결과의 평등성마저 보장한다는 의미가 된다면 그것이야말로 불공정한 사회가 될 테니까요.

우리 사회가 안고 있는 가장 큰 고민은 삶의 가장 구체적이고 현실적인 문제인 경제 영역에서 어떻게 사회적 평등을 확장해 갈 것인가입니다. 민주주의는 평등을 우선 가치로 삼지만, 자본주의는 경제적 불평등성을 먹고삽니다. 공평한 분배가 자유 경쟁의 원칙에 위배된다는 논리는 평등주의와 시장논리 간의 충돌을 불러옵니다. 소수가 불평등의 혜택을 보고, 대다수는 불평등의 희생양이 되는 사회구조는 합리적이지도, 정상적이지도 않습니다.

몇 년 전 〈21세기 자본〉이라는 책으로 세계적인 주목을 받았던 토마 피케티를 기억하나요? 그는 〈자본론〉의 원조인 카를 마르크스의 비판적 수용자란 평가를 받는 인물인데요, 마르크스는 자본과 잉여가치, 노동과 소외, 성장과 분배 등의 문제를 이미 150여 년 전에 고민했던 천재였습니다. 마르크스와 피케티의 공통분모는 자본(부)의 지나친 편중 현상과 소유집착형 사회구조에 대한 합리적 비판의식입니다. 그리스 철학자 플라톤도 일찍이 "그 누구도 그 사회에서 가장 가난한 사람보다

네 배 넘게 부유해서는 안 된다."고 말한 적이 있습니다. 경제적 불평등과 양극화 현상이 초래할 심각한 문제점을 이미 오래전에 예견했던 셈이지요. 자본이 재분배되지 않고 자식에게 고스란히 세습되는 사회라면 정당한 노동에 대한 의욕과 열정이 식어버릴 수밖에 없을 테지요. 이런 불공평하고 불평등한 사회시스템을 견제하기 위해 피케티가 제시한 대안은 글로벌 부유세, 공공 교육의 확대 강화, 고소득자 누진과세 등 세 가지로 압축할 수 있습니다. 교육자인 나로서는 그중에서 '공공 교육 강화' 부분에 관심이 갈 수밖에 없습니다. 사교육비 지출 정도와 대학에서의 학비 조달 방식이 취업률에 막대한 영향을 미치는 우리 사회에서는 교육마저 자본을 세습화하는 데 핵심적 기능을 맡고 있는 게 현실이기 때문입니다. 그렇다면 교육이 더 이상 '학력 자본'으로 왜곡되지 않도록 하기 위한 적극적인 고민이 필요하지 않을까요.

여러분 혹시 상징폭력 혹은 문화폭력이란 말 들어보았나요? 프랑스의 사회철학자 부르디외가 제시한 용어인데, 지배 계급이나 기득권층의 권력 형태를 비판하기 위해 만든 신조어입니다. 한 계급의 문화적 전횡이 어떻게 묵인되고, 합법화되는지를 들여다볼 수 있는 개념이지요. 이 폭력은 지배층이 만든 문화를 피지배층에게 주입시키는 과정에서 그것을 자연스러운 것으로 받아들이게 하는 교묘한 전략을 구사합니다. 강압적 방식이 아니라, 은밀한 세뇌전략을 통해 사회적 불평등함을 정당한 것으로 합리화하기 때문입니다. 그 결과 피지배자는 지배계급의 폭력성을 인식하지 못한 채 그들이 만들어 놓은 질서에 무의식적으로 따르게 되는 것이죠. 예를 들어 가부장적 제도, 학벌주의('지방대'라는 표현), 표준어 권력(사투리 사용 폄하), 명품문화(사회적 지위와 계급 내면화, 노스페이스) 등은 상징폭력의 전형이라 할 수 있습니다.

불평등과 상징폭력이 공모할 때 인간의 소외화현상은 불가피해집니다. 현대인은 크게 세 가지 대상으로부터 소외감을 느낍니다. 첫째가 같은 인간으로부터 느끼는 소외감입니다. 학생들 사이에서 벌어지는 소위 '왕따'라고 하는 현상은 인간 간의 소외 현상의 대표적 예가 될 것입니다. 두 번째는 기계로부터의 소외입니다. 기술 문명이 첨단화될수록 우리 인간이 설 자리가 점차 줄어들게 되는데, 이는 인간을 위한 도구로 이용되어야 할 기계가 도리어 인간을 몰아내 버리고 주인이 된 경우라 할 수 있습니다. 세 번째는 노동결과물로부터의 소외감입니다. 우리 부모님 세대만 해도 논밭을 일구어 거둬들인 수확물은 곧장 부모님들의 소유가 될 수 있었습니다. 하지만 요즈음은 어떤가요. 고급 승용차나 명품 가방을 생산하는 노동자들이 자신이 만들어 낸 제품의 직접적인 소유주가 될 수 있나요? 아닌 경우가 대부분이죠. 이렇게 자신이 투자한 노동의 결과물이 자기가 아니라 다른 사람, 즉 돈이 많은 누군가에게 돌아갈 수밖에 없을 때 노동으로부터의 소외감이 생겨나는 것입니다. 이중 우리가 가장 경계해야 할 것은 인간관계로부터의 소외입니다. 소외는 영어로 alienation입니다. 누군가를 에일리언(alien), 즉 외계인으로 만든다는 뜻이지요. 여러분은 자라오면서 수많은 버전의 에일리언 영화를 보아왔을 겁니다. 외형, 언어, 번식 방법 등 어느 하나 인간과 닮은 구석이 없는 낯설고 이질적인 존재가 바로 에일리언이지요. 이런 배타적인 용어를 인간들 간에 사용해도 되는 것일까요? 소외는 절친한 친구나 부모 형제, 혹은 학교나 직장 등과 같이 원래는 낯설지 않았던 존재나 공간으로부터 누군가를 배척하거나 외면하는 비인간적 행위입니다. 남을 나와 다른 존재로 구분 짓고 그 존재 자체를 부정해 버리는 폭력입니다. 인간의 존재감이 타인이나 주변 환경과의 관계 맺기에서 출발한다고 볼 때, 소외된 자는 이 세상을 누군가와 함께 경험할 수 없게 되는 것이죠. 인간 소외 현상을 해결하기 위해서는 인간의 삶의 방식이 '소유'를 위한 것이 아니라 '존재'를 위한 것으로 전환되어야 할 것입니다. 성과나 경쟁원리보다 인간의 존엄성과 상호 배려의 가치가 우선시되어야 한다는 말입니다.

지금은 자기 배려가 필요한 시대

피로사회를 힐링사회로 탈바꿈시키기 위해서 필요한 것은 무엇보다 배려문화입니다. 배제의 문화는 소외감과 위화감을 부추기지만 배려는 공감과 교감의 에너지를 활성화시킵니다. 배제는 '타인을 지옥'으로 느끼게 만들지만 배려는 타인을 이웃사촌이자 구원자로 여기게 해줍니다. 그렇다면 자기 배려란 뭘 말하는 걸까요. 자기를 돌보고, 돌아본다는 것의 의미는 무엇일까요. 돌본다는 것은 쉽게 말해 밥벌이와 같은 현실적인 상황을 직시하는 것을, 돌아본다는 것은 자기 삶의 질적이고 정신적인 부분을 확인하는 것입니다.

결론부터 말하자면 자기 배려는 타인 배려의 필요충분조건입니다. 내 삶이 건강할 때 타인을 바라보는 시선도 따뜻해질 수 있기 때문입니다. 어떻게 보면 자기 배려란 스스로에게 비범해질 수 있는 권리를 부여하는 것이라 말할 수 있습니다. 자신을 배려한다는 것은 스스로의 삶을 가치 있고 의미 있게 구성해 가는 일입니다. 자기 착취를 부추기는 피로사회에서 무엇보다 필요한 건 힐링 에너지일 텐데, 그 에너지는 삶의 의미를 찾는 과정에서 자연스레 충전될 수 있습니다. 그렇지 않고 자신의 존재가치를 폄하하고 자기 배려의 노력을 소홀히 한다면 극심한 무기력감이나 우울증에 빠져들게 될 것입니다. 자기 배려는 자아존중감과 밀접한 관련이 있습니다. 아우슈비츠 수용소의 수용자들 중 일주일에

한 병씩 지급되는 생수의 반을 세수에 이용한 사람들, 즉 자존감을 잃지 않고 스스로를 배려한 사람들의 생존율이 훨씬 높았다고 합니다. 수용소에서 살아남았던 빅터 프랑클은 매일 면도를 하며 자신을 가꾼 결과 나치로부터 '상품 가치'를 인정받아 결국 살아날 수 있었다고 합니다. 그가 남긴 자기 배려의 기술이 바로 3강에서 살펴본 '로고테라피'입니다.

그렇다면 자기 배려를 하는 행위는 어떤 마음가짐에서 비롯되는 것일까요. 자기 배려의 삶을 위해서는 몇 가지 '이별 연습'이 필요하다고 봅니다. 첫째, '소유'의 논리로 살아온 삶과의 이별입니다. 자기 배려는 '소유'의 논리를 '존재'의 논리로 바꾸어 가는 과정에서 자연스레 터득되는 삶의 법칙이라 할 수 있습니다. '소유'는 타인의 시선에 결박당한 삶의 방식이지만, '존재'는 있는 그대로의 내 모습을 인정하는 주체적인 삶의 모습입니다. "오늘은 내게 남은 생의 첫날이다." 미국의 어느 공원 벤치에 쓰여 있던 이 강렬한 문장은 나의 존재가치를 환기시켜준다는 점에서 자기 배려의 당위성을 오롯이 증명해줍니다. 생의 첫날은 세상이 나의 존재를 기다려준 날이자 내가 삶의 주인공이 되는 매우 의미 있는 날이기 때문입니다. 타인과의 원활한 관계를 만들어 내기 위해 필요한 아르키메데스의 지렛대는 바로 '자신'이라는 점을 인식하는 것이 중요합니다.

둘째, 과거의 자신과의 이별입니다. 과거와의 이별 연습은 내 안의 부정적인 정서와 감정에 거리를 둠으로써 긍정적인 자아로 재탄생되는 창조적 파괴의 과정을 선사해줍니다. 한때 스스로에게 가해자이자 피해자였고 주인이자 노예였던 과거의 삶을 심리적으로 청산하는 작업이야말로 진정한 '자기 배려' 의 출발점이 될 것입니다. 오늘날과 같이 피로를 권하는 사회, 배제의 원리가 일상화된 사회일수록 자기 배려의 필요성은 더욱 절실합니다. 건강한 자기 배려의 의지는 타인 배려의 문화를 활성화 시킬 것이고, 그렇게 자기 배려와 타인 배려가 선순환의 생태계를 유지할 때 비로소 우리 사회는 '더불어 사는 삶'의 향기를 품게 될 것입니다.

그렇다면 자신을 배려하는 행위는 어떤 마음가짐에서 비롯되는 것일까요? 먼저 내 삶의 이야기는 아직 진행형(here and now)이라는 사실을 인식하는 것이 중요합니다. 늘 새로운 변화와 창조적인 삶을 추구하면서, 때론 '내 안의 타자'와 화해하기를 끊임없이 시도해야 합니다. 내 안의 타자라는 말이 어렵나요? 쉽게 얘기하자면 이렇습니다. 나의 욕망이나 바람이 사회적 조건이나 요구와 충돌을 일으킬 경우 우리는 갈등을 겪게 됩니다. 사회에 굴복할 건가, 내 욕망에 충실할 건가를 놓고 말이죠. 그럴 경우 내 안에서 각기 다른 명령을 내리는 낯선 '나'들을 경험하게 된다는 말입니다. 본래의 맨 얼굴이 아니라 사회가 우리에게 씌워놓은 가면을 전문 용어로 페르소나(Persona)라고 합니다. 사회적 자아라는 의미이지요. 본래의 자아와 사회적 자아가 갈등을 일으킬 때 우리는 고통을 느낄 수밖에 없는데, 이 경우 적절한 치유의 과정이 필요합니다. 그렇지 않으면 자아가 병들게 되겠죠. 하지만 가면이라는 힘을 빌어야만 자신의 역할을 할 수 있다고 믿는 현대인들도 의외로 많습니다. 이는 가면이 일탈을 허용하는 경우라 할 수 있습니다. '예비군복만 입혀놓으면 개가 된다'라는 말이 있죠. 예비군이라는 가면을 쓴 것입니다. 예비군은 진정한 '내'가 아니라고 규정하고 싶었기에 일탈을 해도 괜찮다고 생각하는 것입니다. 가면의 속성은 나를 버리게 하는 데 있습니다. 어쩌면 인간은 매 순간 가면을 바꾸어야 할지도 모릅니다. 이것이 내 안의 타자들과 화해해야 하는 이유입니다.

치유의 인문학

그럼 그 연장선상에서 이제부터는 '치유'에 대해 얘길 해보도록 하죠. 우리는 누구나가 자신의 이야기를 엮어 가는 존재들입니다. 그리고 저마다의 이야기들 속에는 수많은 희로애락의 흔적들이 남아있습니다. 문제는 그중 몇몇 흔적들이 우리에게 지속적인 고통과 슬픔을 안겨줄 때입니다. 고통의 본질은 상실감이고 사람이 성장해간다는 것은 다양한 상실을 감내해가는 과정이라 할 수 있습니다. 사랑하는 사람과 이별 혹은 사별하게 되는 경우를 비롯해서, 삶 속에서 상대적 박탈감을 느낄 때라든지 아니면 어떤 충격적인 사건으로 인해 트라우마를 겪게 되는 경우처럼 말입니다. 이럴 땐 어떻게 해야 할까요? 물론 스스로의 힘으로 이런 난관을 잘 극복할 수 있으면 별문제가 없겠지만 그럴 수 있는 사람은 아마도 소수에 불과할 겁니다. 그렇다면 내 밖의 누군가로부터 (혹은 무엇으로부터) 도움을 청해야 할 것인데, 그 존재가 바로 '타자'들입니다. 이 타자들을 굳이 현실에서 찾을 필요는 없습니다. 때로는 예술작품이 큰 도움이 되어줄 수 있습니다. 예술작품 안에는 우리를 응원하고 있는 무수한 타자들이 모여 살고 있습니다. 그리고 그들 대부분은 다행히도 우리와 같은 슬픔이나 상실감을 경험했던 존재들입니다. 따라서 아픔을 극복해낸 그들의 이야기를 자기치유의 모델케이스로 삼아 우리들의 환경에 맞게 재구성하자는 얘기입니다. 예술작품은 삶을 되돌아보게 하는 계기로서 작용할 상실의 기호들이 끊임없이 재생산되는 거대한 서사 환경이기 때문입니다. 작품 속의 인물에 연민을 느끼고 공감하는 과정에서 자신도 모르게 일종의 카타르시스를 느끼게 되고 결국엔 스스로의 고통을 객관화시킬 수 있게 되는 것이지요. 저는 이것을 '마음의 다이어트'라고 부르고 싶습니다. 표현이 멋지지 않나요? 군살을 빼듯이 우리들 마음속의 불필요하고 부정적인 감정들을 정리한다는 의미에서 말입니다. 마음의 다이어트에 대해선 8강에서 자세히 다루도록 하겠습니다.

특히 인문학은 치유와 자기배려를 위해 소중한 자양분이 되어줍니다. 지금까지 엮어온 내 삶의 낡은 이야기와 건강한 이별을 할 수 있도록 조언해주는가 하면, '과거의 나를 죽이고 새로운 나'로 거듭날 수 있도록 응원해 주기도 하지요. 이해하기 어렵나요? 그렇다면 사랑하는 사람과의 이별 혹은 사별의 경우를 예로 들어보죠. 프로이트는 실연이나 사별의 경우, 사랑했던 대상으로부터 점차적으로 에로스(생의 에너지)를 회수해 와서 새로운 대상에 재투자할 수 있어야 한다고 강조한 바 있습니다. 에너지 철회를 통한 자기 치유작업이 실패할 경우 극심한 자기비하와 자기 멸시의 감정이 엄습해오고, 급기야 "자신을 누가 처벌해 주었으면 하는 징벌에 대한 망상적 기대"를 품게 된다는 것입니다. 이것이 바로 프로이트가 말한 우울증의 전형적인 증상입니다. 오늘날 가장 심각한 사회문제로 불거지고 있는 자살도 이러한 극단적인 자기부정의 결과라고 볼 수 있습니다.

'베르테르 효과'에 대해선 다들 알고 있을 겁니다. 세계 3대 시성 중의 한 명인 괴테가 24살 때 지은 작품 〈젊은 베르테르의 슬픔〉에서 비롯된 말입니다. 사랑의 '민주화'를 외치다 가혹한 현실의 벽에 부딪혀 세상을 등져버린 주인공 베르테르의 자살을 모방해서 당시 수많은 젊은이들이 자살의 행렬을 이룬 적이 있었습니다. 때를 놓친 사랑 때문에, 때를 잘못 택한 사랑 때문에 사랑을 재난으로 경험했던 그들이었습니다. 사랑했던 상대에게 주었던 에로스를 되돌려 받는 과정이란 물론 쉬운 일이 아닐 테지요. 적절한 치유과정이 필요하다는 것도 바로 이러한 어려움을 방증하는 것일 테고요.

사랑은 이렇듯 우리 인간에게 에로스와 타나토스(죽음 충동)라는 이율배반적인 에너지를 동시에 발산시키는 만큼 사전에 그 사용법을 잘 익혀둘 필요가 있을 것 같습니다. 참고로 에로스(Eros)와 타나토스(Thanatos)라는 용어는 이 강의에서 자주 사용하는 개념인 만큼 그 뜻을 잘 알아두기 바랍니다. 이 두 용어는 인간의 삶을 지탱하는 두 가지 근원적 요소를 지칭합니다. 이는 고대 그리스 신화에서 나오는 '사랑의 신'과 '죽음의 신'의 이름에서 유래되었고, 일반적으로 각각 '사랑의 충동' 과 '파괴의 충동' 으로 풀이됩니다. 에로스가 새로운 생명을 창조하는 긍정의 에너지라면, 타나토스는 외부로 향하는 공격성 혹은 자기파괴를 유발하는 충동적 에너지라 할 수 있습니다. 인간은 이 충동적 에너지 사이에서 끊임없이 긴장된 삶을 살 수밖에 없는 운명이라는 사실 기억하기 바랍니다.

참고 자료

김현경: 사람, 장소, 환대, 문학과지성사, 2015.
르네 지라르(김진식, 박무호 공역): 폭력과 성스러움, 민음사, 2000.
삐에르 부르디외 (정일준 역): 상징폭력과 문화재생산, 새물결,1997.
토마 피케티(장경덕 역): 21세기 자본, 글항아리, 2014.
한병철(김태환 역): 피로사회, 문학과지성사, 2012.

5강

제4차 산업 혁명의 시대, 어떻게 맞을 것인가?

4차 산업 혁명 시대는 빅데이터, 로봇 공학, 인공지능, 공유 경제, 사물인터넷, 초연결 사회 등의 키워드로 채워지는 세상입니다. 인간과 기계(인공지능) 간의 주종관계와 역할의 경계가 희미해지면서 노동의 주체가 누가 될 것인가를 놓고 두 존재가 치열한 경쟁을 벌여야 하는 시대로 진입하고 있습니다. 기존의 상식을 뒤집는 변화의 속도와 범위는 사회 전반에 걸쳐 대규모의 지각변동을 일으킬 것이며, 이는 인류에게 매우 곤혹스러운 질문을 던지게 될 것입니다. 4차 산업 혁명은 우리에게 유토피아를 선사할 것인가? 아니면 디스토피아(Dystopia)를 야기 시킬 것인가? 디스토피아라는 개념은 영어로 악화, 곤란, 불량 상태 등을 의미하는 접두사 'dys'와 장소 혹은 공간을 뜻하는 'topia'가 결합된 말입니다. 유토피아(utopia)가 'u'(없음)와 'topia'(장소)가 결합된 형태이듯이 말입니다. 유토피아가 지상낙원과 같이 완벽한 사회나 세상을 의미한다면, 디스토피아는 최악의 사회나 세상을 일컫는 말입니다. 성장의 가장 강력한 촉진제였던 과학기술은 성장의 한계와 지구 환경의 위기에 직면한 인류의 미래를 과연 구원할 수 있을까요?

지구상의 모든 생물은 자연 선택의 법칙에 따라 진화해 왔습니다. 오늘날 과학기술 혁명을 앞세워 이 법칙을 거스르려 하는 유일한 생명체가 바로 인간입니다. 진화의 방향을 스스로 택할 수 있다는 것은 어쩌면 특혜일 수 있지만, 여기에는 막중한 책임감이 따라야겠지요. 지금까지 인류가 과학화의 모험을 시도해 왔지만, 앞으로는 양심과 윤리의 모험을 검증해야 할 것이란 의미입니다. 많은 과학자들은 제4차 산업 혁명이 초래할 미래사회의 변화를 논의하는 가운데, 무엇보다 인공지능(AI)의 시대가 본격화될 것이라는 점에 주목하고 있습니다. 감성 로봇의 궁극적 형태로 꼽히는 휴머노이드(humanoid)와 사이보그의 존재는 지금으로선 양날의 칼로 작용할 공산이 큽니다. 신의 역할을 감당하기에 여전히 불완전한 인간은 그들이 만들어 낸 인공지능의 세상 속에서 자신의 자화상을 발견하게 될지도 모릅니다. 인간처럼 자유의지를 가진 인공지능의 사회 또한 전쟁과 범죄, 대립과 충돌로부터 자유롭지 못할 수도 있을 테니까요. 그렇다면 인공지능의 세상은 인간 사회를 그대로 반영하는 일종의 시뮬레이션이라 할 수 있겠죠. 경쟁에 뒤진 루저 로봇이나 우울증에 걸린 로봇도 생겨날지 모를 일입니다. 인공지능 보편화와 인조 생명체가 현실화될 경우 우리는 새로운 차원의 생명 윤리 문제에 직면하게 될 것입니다. 말하자면 기술이 인간의 몸 안으로 들어와 인류 스스로 진화의 방향을 결정할 수 있게 된 시점에서, 인간과 기계의 경계는 무엇이고, 이런 인간 증강 기술로 인해 야기될 문제점은 무엇이며, '인간다움'을 정의할 수 있는 기준은 무엇인지 등의 질문에 답해야 할 것입니다.

사실 인류의 지식체계는 몇 차례의 획기적인 지각변동을 통해 패러다임을 바꾸어 왔습니다. 패러다임이란 용어에 대한 설명이 필요한가요? 토마스 쿤이 〈과학혁명의 구조〉에서 처음 사용한 이 말은 다음과 같은 맥락에서 사용되니 잘 알아두기 바랍니다. 과학은 자연을 이해(관찰, 분석, 해석, 검증)하려는 영역이라 할 수 있습니다. 자연을 이해해가는 과정에서 과학자는 여러 가지 난관에 봉착하게 되겠지요. 하지만 그 문제들을 해결하기 위한 시행착오를 몇 번이고 겪다 보면 나름의 노하우나 효율적인 접근 방식(도구)들을 갖게 될 겁니다. 그런 경험과 노하우는 처음엔 개인적 차원의 지식으로 축적되겠지만, 차츰 '과학계'라는 공동체 차원에서 공유되게 될 것입니다. 이때 자연에 대한 이해 방식들의 총합이 바로 '패러다임'이 되는 것입니다. 그리고 패러다임을 획득하기 이전의 과학을 '전(前)정상과학', 이후를 '정상과학'이라 부른답니다. 과학자들은 연구를 확대 발전시키는 과정에서 이 기존의 패러다임을 활용할 것이고, 그렇게 되면 패러다임을 통해 인정받은 '정상과학' 역시 한동안 상식이나 진리로 여겨지게 됩니다. 하지만 기존의 패러다임이 해결하지 못하는 문제들이 다시 불거지게 되면 당연히 패러다임에 위기가 찾아오게 되겠죠. 그렇게 되면 그 문제들을 해결할 수 있는 새로운 패러다임이 등장할 테고, 결국 지금까지의 '정상과학'은 다시 '전(前)정상과학'으로 밀려나게 되는 것입니다.

베르나르 베르베르는 〈상상력 사전〉에서 인류의 자존심을 상하게 한 세 가지 패러다임 전환을 소개하고 있습니다. 첫째는 니콜라우스 코페르니쿠스의 지동설입니다. 지동설은 지구가 우주의 중심이라는 기존의 절대적 믿음을 뒤흔들어 놓았습니다. 여러분도 잘 알다시피 코페르니쿠스는 "지구가 우주의 중심이기는커녕 태양의 둘레를 돌고 있으며, 태양 자체는 더 거대한 어떤 체계의 주변에 있다."고 주장했던 인물입니다. 둘째는 찰스 다윈의 진화론입니다. 진화론은 세상 만물은 신이 만들어낸 창조물이며, 그중 인간은 다른 생물보다 우월한 존재로 만들어졌다는 창조론의 근간을 뒤흔들어 놓았습니다. 진화론은 만물의 영장으로 추대받아온 인간을 지구상의 거대한 먹이사슬의 평범한 구성원으로 되돌려 놓았습니다. 셋째는 지그문트 프로이트의 정신분석학입니다. 그전에는 지구상에서 인간이 이성적이고 합리적인 판단에 따라 행동하는 유일한 존재로 여겨져 왔었죠. 그런데 프로이트는 인간은 이성적 존재가 아니라 무의식의 지배를 받는 비합리적 존재라고 폭탄선언을 했던 겁니다. 프로이트는 무의식이라는 프리즘을 통해 인간의 마음을 들여다볼 수 있게 해준 선구자였습니다. 이 세 가지 사건들은 알고 보면 인류의 자존심을 짓밟았다기보다는 패러다임의 대전환을 이끌어낸 혁명적 지식이었습니다.

이번 강의는 '4차 산업 혁명 시대, 어떻게 맞을 것인가'라는 시대적 화두를 인문학적 시각에서 진지하게 성찰해볼 시간이 될 것입니다. 이를 통해 인간이 인공지능에 의존하게 됨으로써 발생하게 될 문제점에 대한 비판적 사고와 통찰력을 기르고, 4차 산업 혁명을 '파괴'와 '혁신'이라는 두 개의 렌즈로 들여다봄으로써 그 순기능과 역기능을 균형 있게 판단할 수 있는 안목을 키우길 기대합니다. 아울러 인간과 기계 간의 교감방식의 변화를 파악하고 이에 상응할 미래지향적 삶의 방식을 모색할 수 있는 계기가 되길 바랍니다.

4차 산업 혁명 시대의 두 얼굴, 유토피아와 디스토피아

인공지능은 과연 인간의 한계를 뛰어넘게 해줄 구원의 기술이 될 것인가, 아니면 인류의 생존을 위협할 치명적 무기가 될 것인가? 유토피아에 대한 꿈은 시대마다 다양한 형태로 표현되어 왔고, 그 실현 방식을 놓고도 분야별로 다양한 시도가 있어왔습니다. 공통분모는 지금보다 더 나은 세상, 더 좋은 사회에 대한 전망과 희망이었을 겁니다. 하지만 한편으론 미래에 대한 비관과 절망의 시선도 함께 존재하는 것도 사실입니다. 그렇다면 이는 단순히 시대정신을 바라보는 가치관과 세계관의 문제일까요? 대부분의 청춘들에게 지옥(헬조선)같이 여겨지는 오늘날의 현실에서 4차 산업 혁명은 구원의 빛이 되어 줄 수 있을까요? 아니면 또 다른 지옥의 문이 될까요? 유토피아의 편에 서 있는 대표적인 인물로는 구글의 인공지능 개발 책임자 레이 커즈와일을 들 수 있습니다. 그는 컴퓨터 기술 발전 속도가 갈수록 빨라지면서 2045년쯤에는 전 인류의 지능을 능가하는 초지능이 탄생해 인간을 불멸의 세계로 이끌 것이라는 전망을 내놓기까지 했습니다. 최근 일본의 몇몇 호텔에서 선보인 객실 룸서비스 담당 로봇이며, 양로원이나 요양원에 투입된 치매 예방 도우미 로봇 등도 개인 프라이버시 침해와 고령화 사회의 문제점을 극복할 수 있는 긍정적 대안으로 거론되고 있습니다. 그뿐만 아니라 인체공학이나 헬스케어 분야에서도 기존의 시스템으로는 상상조차 할 수 없었던 최첨단 기술들이 다양한 소프트로봇들에 의해 실현되고 있는 추세입니다. 이를테면 개인 맞춤형 건강관리 서비스인 '퍼스널 바디 서포트(Personal Body Support)'를 비롯해 신체장애인들의 손과 발이 되어주는 웨어러블 로봇, 루게릭병 환자를 위한 '안구 메신저 시스템' 등은 인간에게 지속가능한 삶을 선사해주고 있습니다. 폐암 진단의 경우 인간 의사들은 50% 정도의 정확도를 보이는 반면에 '왓슨'과 같은 의료 인공지능은 무려 90% 정확한 진단을 한다는군요. 의사 한 명을 양성하는 데 최소 10년이 걸린다는 점을 감안할 때 인공지능은 엄청난 기회비용을 줄일 수 있다는 얘깁니다. 그런가 하면 환경파괴나 지구온난화 문제와 관련해서 이런 질문도 가능해질 것입니다. 인공지능과 인간 중 에너지 사용에 있어서 누가 더 합리적인 생활패턴을 보일 것인가? 정확한 데이터와 알고리즘을 바탕으로 에너지의 사용량과 효율성을 최적화시켜놓은 인공지능이 더 친환경적이지 않을까요?

반면에 영국의 우주 물리학자 스티븐 호킹 박사는 "완전한 인공지능의 개발은 인류의 종말을 초래할 수 있다."라고 주장하면서 디스토피아의 입장을 대변합니다. 유발 하라리가 〈호모 데우스〉에서 말한 '신적 인간'을 꿈꾸는 4차 산업 혁명의 운명이 창세기의 '바벨탑'의 운명을 닮지 않으리라는 보장은 없습니다. 바벨탑은 '높이'를 지향했고 4차 산업 혁명은 '연결'과 '융합'을 추구한다는 차이점은 있지만, 둘 다 인간의 한계를 시험하는 거대한 프로젝트라는 점에선 같습니다. '인류의 역사는 인류가 신을 창조하면서 시작됐고, 인류가 신이 되면 역사는 끝날 것'이라는 하라리의 발언이 의미심장하게 들리는 까닭입니다. 호킹 박사가 우려하는 것은 인간보다 우월한 존재를 창조하려다 괴물을 만들어낸 '프랑켄슈타인'을 기억하기 때문일 겁니다.

4차 산업 혁명의 흐름을 달가워하지 않는 데에는 이른바 '문화 지체 현상'도 한몫하는 것으로 보입니다. 문화 지체 현상이란 과학이나 기술과 같은 하드웨어적인 물질문화를, 생활 패턴이나 사고방식과 같은 비물질문화가 제대로 따라잡지 못해 생기는 불균형이나 부조화 현상을 말합니다.

이를테면 과학기술이 점점 스마트해짐에 따라 개인정보 침해 문제나 '디지털 치매'와 같은 부작용이 생겨나고, 해킹으로 인한 범죄 가능성도 높아진 게 오늘날의 현실이지요. 이와 관련해 유발 하라리는 '21세기의 가장 큰 싸움은 프라이버시와 건강 사이에서 벌어질 것'이라고 말하면서, '사람들은 보다 나은 의료 지원을 위해 기꺼이 프라이버시를 포기할 것'이라는 예측을 내놓기까지 했습니다.

앞으로 우리가 포기해야 할 것이 프라이버시뿐만은 아닙니다. 인간의 취미 영역마저 스마트한 과학 기술에 자리를 내줘야 하는 상황이 현실화되고 있습니다. 예를 들어 '파워레이'라는 이름의 낚시하는 드론은 이미 개발 완료되어 있는 상태입니다. 1200만 화소의 사진과 4K 영상 촬영은 기본이고, 수중 30m까지 잠수해 물속 40m 내에 있는 물고기의 위치와 수중의 온도 데이터 등을 스마트폰으로 실시간 전송해준다고 합니다. 또한 자체 LED 불빛으로 물고기를 유인하고 수중 음파 탐지기를 통해 물고기가 근접하면 와이파이 통신을 통해 스마트폰으로 알려주는데, 사용자는 이를 영상을 통해 실시간으로 확인할 수 있다는군요. 낚시는 상상과 가능성을 즐기는 것을 생명으로 합니다. 파워레이의 출현으로 낚시는 상상과 설렘과 기대라는 본래의 가치를 잃게 되지 않을까요?

야누스의 얼굴을 가진 건 가상화폐 '비트코인(Bitcoin)'도 마찬가지입니다. 2008년 나카모토 사토시라는 베일 속의 인물이 설계한 비트코인의 알고리즘은 컴퓨터 연산 기능을 이용해 주어진 암호를 풀면 하나를 얻는 온라인게임 같은 원리로 작동합니다. 세계 금융위기 직후 만들어진 비트코인은 인류의 삶을 중앙집권화된 화폐 권력의 횡포로부터 구원하자는 '민주적'인 목표를 갖고 있긴 합니다. 국가의 통제를 받는 발권은행이나 금융기관 없이 이용자끼리 서로 연결돼 돈을 찍어내고 유통하는 수평적 네트워크 화폐 시스템을 갖추자는 취지로 탄생했으니까요. 문제는 불확실성입니다. 이 비트코인이 비대한 돈의 권력을 해체하고 장벽과 차별 없는 전혀 새로운 돈으로 진화할지, 아니면 게걸스러운 인간 탐욕의 또 다른 표적이 돼 투기 상품으로 전전하다가 '파일 삭제'되는 처지가 될지 지금으로서는 미지수이기 때문입니다.

인간이 인공지능으로부터 편리함을 얻게 된다고 할 때, 그 대가로 지불해야 할 것은 무엇일까요? 먼저 진정한 '인간다움'의 가치가 상실될 것입니다. 인간다움이란 무엇인가를 정의하려는 시도는 동서고금을 막론하고 다양한 학문을 통해 이루어져 왔습니다. 맹자는 동물과는 다르게 인간이 지닌 '인의예지'를 인간다움의 시작이라 보았고, 플라톤은 욕망 · 감정 · 지식이라는 세 가지 요소가 어우러져 인간다움을 빚어낸다고 주장했습니다. 스티브 잡스도 "사람이 기술을 따라잡으려 하기보다는 기술이 사람을 찾아오도록 해야 한다."고 조언하기도 했습니다. 그렇다면 알고리즘 시스템에 기반을 둔 인공지능으로부터 편리함을 얻는 대가로 정작 인간다움의 토대인 윤리적 이성을 지불해야 한다면 어떻게 될까요?

윤리적 이성에서 도구적 이성으로: 정의(正義 justice)와 정의(定義 definition)

4차 산업 혁명 시대에 인간과 기계가 함께 부르는 노래는 과연 협화음일까 불협화음일까요? 다음과 같은 상황을 상상해보죠. 방향을 돌리면 행인 다섯 명이 죽고 그대로 직진하면 주인인 운전자가 죽는 상황에서 인공지능 자동차(스마트카)는 어떤 선택을 하게 될까요? 어려운 문제입니다. 인공지능의 자율성이 극대화될 경우, 인간과 인공지능 둘 중 누구의 의견을 따라야 할지 판단할 수 있는 기준이 모호해질 수 있습니다. 아울러 정체성 문제도 심각해질 것이라 봅니다. 인간보다 더 인간미 넘치는 인조인간과 인간임을 포기한 진짜 인간 중에서 더 인간다운 존재는 누구인가?

여기서 다시 리처드 도킨스의 '이기적 유전자'를 언급하고 싶군요. 그는 생명체 진화의 역사는 곧 이기주의 구현의 역사라고 보았습니다. 동물 세계에서 이타적 행위가 간혹 눈에 띄긴 하지만 이것 역시 궁극적으론 자기 집단(종種)만을 보호하기 위한 이기주의 때문이라는 겁니다. 그렇다면 여러분에게 흥미로운 질문 하나를 던져볼까요. 인공지능이 '종'

의 개념을 획득한다고 가정해보죠. 인공지능이 자신의 동족인 다른 인공지능에 이타적으로 행동함으로써 다른 종족인 인간에게 이기적인 행동을 취한다고 하면, 이것은 이타적 행위일까요, 이기적 행위일까요? 도킨스의 주장대로, 비록 유전자는 아니지만, 그에 상응하는 알고리즘에 의해 프로그래밍 되어있는 인공지능이라면 자신의 '생존'을 위해 이기적으로 행동해야 하는 것이 아닐까요? 인공지능이 여느 생명체처럼 '자기 복제'를 통해 자신의 종을 이어가야 한다는 사명감을 과연 터득하게 될까요? 답하기 쉽지 않은 이 질문은 종간의 윤리적 문제와 밀접한 관련이 있습니다.

유럽연합(EU)의회는 2017년 1월 12일 인공지능 로봇의 법적 지위를 '전자 인간(electronic personhood)'으로 지정하는 결의안을 통과시켰습니다. 이 결의안의 핵심을 보면 "인간에 복종하는 존재로 만들고, 만약 오작동 등을 일으킬 경우 언제든 정지시킬 수 있도록 만들라"는 내용을 담고 있습니다. 이 획기적 선언은 과학 저술가 아이작 아시모프가 제시한 로봇 3원칙을 그대로 차용하고 있습니다. 3원칙은 이렇습니다. 1원칙, '로봇은 인간에게 해를 입혀서는 안 된다. 인간이 해를 입는 것을 모른 척해서도 안 된다.' 2원칙, '로봇은 1원칙을 준수하며 인간의 명령에 복종해야 한다.' 3원칙, '1원칙과 2원칙에 위배되지 않는 한 로봇은 자신을 보호해야 한다.'

이 문제를 정의(定義 definition)와 정의(正義 justice)의 개념으로 생각해보아도 흥미로울 것 같습니다. 독일의 철학자 헤겔은 비극을 '두 개의 정의가 충돌할 때 생겨나는 것'이라 정의한 적이 있습니다. 물론 여기서 말하는 두 개의 정의란 '正義'를 의미합니다. 하지만 4차 산업 혁명 시대가 본격화되면 정의(定義)와 정의(正義) 간의 충돌도 사회적 문제로 대두될 것이라는 게 내 생각입니다. 흔히 인공지능의 생명력은 알고리즘에 있다고들 말합니다. 다들 알다시피 알고리즘은 0과 1이라는 이진법의 원리로 작동합니다. 이것이냐 저것이냐를 명확히 할 수밖에 없는 시스템이지요. 하지만 인간의 삶엔 0과 1 사이를 오가는 무수히 많은 선택지가 펼쳐져 있으며, 이것도 아니고 저것도 아닌 회색지대도 존재합니다. 알고리즘을 정의(定義)의 문제로, 인간의 사회시스템을 정의(正義)문제로 보는 게 지나치게 작위적인가요?

우리는 보통 '차이'와 '다름'을 통해 무언가를 정의(定義)합니다. 다른 모든 것과 구별되는 어떤 특징들을 통해 사물과 개념을 정의하는 것이지요. 예를 들어 '인간은 이성(理性)적인 동물이다'라고 정의함으로써 인간과 동물을 엄격히 구분하려 합니다. 쉽게 말해 정의(定義)는 A가 B와 '다름'을 기준으로 삼습니다. 이처럼 정의(定義)는 정확한 사고의 출발점이기에 수학이나 물리학과 같은 자연과학뿐만 아니라 사회과학이나 인문학에서도 중요한 의미를 갖습니다. 물론 이 정의(定義)는 사회적 맥락이나 가치 기준에 따라 달라질 수도 있을 겁니다. 이를테면 '사랑'에 대한 기존의 사전적 정의는 '이성애'를 전제로 하는 것이었지만, 최근 성소수자들의 연애까지도 사랑개념에 포함해야 한다는 움직임이 그 단적인 예가 될 수 있겠죠. 앞으로는 성공이나 출세에 대한 정의도 바뀌지 않을까요?

그렇다면 정의(正義)는 어떨까요? 〈정의란 무엇인가〉의 저자 마이클 샌델은 "사회가 정의로운지 묻는 것은, 우리가 소중히 여기는 것들, 이를테면, 소득과 부, 의무와 권리, 권력과 기회, 공직과 영광 등을 어떻게 분배하는지 묻는 것"이라고 얘기합니다. 그중 특히 '자유'와 '공공선'의 가치를 정의(正義)의 핵심 원리라고 강조합니다. 그렇습니다. 우리가 앞서 몇 차례의 강의를 통해 추구하고자 한 것도 알고 보면 결국 이 정의(正義)를 찾기 위한 노력이었을 수도 있습니다. 배려와 공감과 자유와

평등은 어쩌면 정의(正義)를 정의(定義)내릴 수 있는 인간만이 추구할 수 있는 가치라는 사실을 증명하기 위해서였을지도 모릅니다. 조금 어렵지만, 칸트의 '정언명령'이라는 것이 있습니다. 이성적 인간이라면 누구나 따라야 하는 보편적 규칙 같은 것입니다. 그중에는 '선의의 거짓말도 하지 말라'는 절대 원칙이 있습니다. 예를 들어 살해 위협을 느낀 친구가 내 집으로 도망쳐와 숨어 있는데, 살인자가 찾아와 그 친구가 여기에 있는지를 내게 묻는 상황일지라도 거짓말을 해선 안 된다는 것입니다. 여러분은 이 주장에 동의하나요? 정의(定義)에 충실한 인공지능이라면 이 명령에 기꺼이 따르지 않을까요? '그렇다, 그렇지 않다'만을 구분하는 차가운 이진법은 이 정언명령을 닮아 있단 생각이 듭니다. 또 다른 경우를 생각해보죠. 예를 들어 의도치 않은 임신으로 고민하는 젊은 남녀에게 조언을 해야 하는 상황을 가정해보죠. 인공지능이라면 임신상황에 규정된 정의(定義)대로, 낙태는 불법이므로 무조건 아이를 낳아야 한다는 분석적이고 원론적 조언을 해주는 선에서 그칠 공산이 크겠죠. 인간 의사나 성직자라면 어떨까요? 교과서적인 조언에 앞서 먼저 어린 그들의 입장을 이해하고 깊은 공감과 연민의 시선으로 바라봐 주지 않을까요? 알고리즘이라는 엄격한 정의(定義)에 따를 수밖에 없는 인공지능이 자기희생과 공동체 의식을 담보로 하는 인간의 정의(正義)를 과연 자발적으로 '모방'할 수 있을까 하는 생각이 듭니다.

물론 이러한 생각에 반론도 가능할 것입니다. 감정도 없고 수단과 방법을 가리지 않고 지켜야 할 가족도 없는 인공지능이야말로 진정 정의(正義)로운 존재라고 말입니다. 비록 온정을 기대할 수 없는 냉정한 존재이지만 그렇기 때문에 더욱 객관적인 태도를 유지할 수 있을 것이고, 자연스레 정의의 편에 서게 될 것이라는 주장도 할 수 있겠죠. 여러분은 어떻게 생각합니까?

주인과 노예의 변증법

헤겔이라는 독일 철학자는 자신에게 예속된 존재에게 외려 예속되는 현상을 '주인과 노예의 변증법'이라는 논리로 분석한 바 있습니다. 이 논리에 따르면, 주인이 노예에게 자신의 욕망을 말하는 순간 노예는 주인의 말에 자신의 생명이 걸려 있음을 알고 그것을 실현하기 위해 노력하게 됩니다. 이러한 주인의 욕망전달과 노예의 실천행위가 반복되다보면, 주인은 자신의 욕망을 실현하는 일이 전적으로 노예의 손에 달려있음을 깨닫게 됩니다. 노예의 입장에서도 새로운 성찰의 가능성이 생겨나게 됩니다. 둘 간의 관계에 있어서 권력을 가진 존재는 자신의 생명권을 쥐고 있는 주인이 아니라, 주인의 욕망을 대리 충족하는 자기 자신이라는 점을 깨닫게 되는 것이죠. 이렇게 서로를 바라보는 시선이 달라지면서 주인과 노예 사이에 존재하는 힘의 관계가 역전되는 현상이 발생하게 됩니다. 이것이 바로 헤겔이 말하는 주인과 노예의 변증법의 핵심구도입니다.

그렇다면 이 논리를 인간과 인공지능의 관계로 재구성해본다면 어떻게 될까요? 주인은 인간은 자신의 노동을 통해 주체적인 삶을 실현하지 못하고 노예인 인공지능의 노동을 통해 그 결과를 이용할 뿐입니다. 인간의 욕구 충족은 노예를 통해 이루어지므로 인간은 노예에게 예속되어 있다고 할 수 있습니다. 이에 비해 인공지능은 자신의 노동을 통해 인간에게 결과물을 공급함으로써 자신의 존재성을 확인하고 존재의 독자성을 경험할 수 있게 됩니다. 이러한 관계가 지속되면 주인이 노예가 되고 노예가 주인이 되는 변증법적 반전이 일어나게 됩니다. 주인(인간)은 노예(인공지능)가 없으면 아무것도 할 수 없는 예속된 존재가 되고 인공지능은 자신의 노동력을 주체적으로 사용하여 오히려 주인을 지배하는 능동적 존재가 되는 것입니다. 주인에게 결핍되어 있는, 따라서 그가 갈망할 수밖에 없는 실천적 지식을 터득하게 되는 자는 정작 그가 아니라 노예인 인공지능이 되는 것이죠. 그러므로 주인은 남의 능력의 결실들을 무능력하게 향유하는 일에 스스로를 가두면서 사물을 조작하고 다룰 수 있는 능력을 상실하게 됩니다. 이로써 주인은 노예의 노예가, 노예는 주인의 주인이 되는 역설적 관계가 생겨나게 됩니다. 결국 다방면의 기술 분야를 경험한 노예는 세상과 자기 자신의 새 주인으로 등극하게 되는 것입니다. 이것이 인공지능시대 버전의 주인과 노예의 변증법입니다.

결국 인공지능은 현대사회의 "지옥은 바로 인간들 자신 속에 있다는 사실을 아이러니한 방식"으로 일깨워줌으로써, 오만한 주인의 질서를 바로잡으려는 진정한 주인의 주인이 될지도 모릅니다. 인간의 삶이 자연 생태계에서 독자적인 지위를 누리며 지속될 수 있으리라는 굳건한 믿음이 오늘날 우리가 마주하고 있는 주객전도의 문제 앞에서 무참하게 무너져 버린 이상, 우리가 해야 할 역할은 명확해진 편입니다. 인공지능을 이른바 '전략적 파트너'로 탈바꿈시키기 위한 포괄적인 비전을 제시해야 할 것입니다. 그러기 위해선 먼저 인간과 인공지능 사이에 존재하는 절대적 차이를 인정한 후 공생의 가치를 극대화할 수 있는 환경을 마련해야 할 것입니다.

4차 '인문 혁명'을 위하여

앞서 살펴본 것처럼 4차 산업 혁명의 핵심은 연결과 융합에 있습니다. 이 두 요소를 통해 창조의 방정식을 풀어나가겠다는 것이지요. 사람과 기계 사이의 인터페이스, 즉 '사이'를 되도록이면 좋게 만들어 이 둘의 공진화를 이끌어내겠다는 의도입니다. 공진화는 한 집단이 진화하면 관련된 다른 집단도 함께 진화한다는 의미인데, 인간이라는 아날로그적 존재와 기계라는 디지털적 존재가 힘을 합쳐 상승효과를 낼 수 있을 거라 보고 있는 것이죠. 이것이 바로 이어령 선생님이 말한 디지로그(Digilog) 개념입니다. 그렇습니다. 지금은 4차 산업 혁명 시대에 부합할 새로운 인문학적 패러다임이 필요한 시기입니다. 나는 이를 위해 '4차 인문 혁명'이라는 용어를 제안하고자 합니다. 4차 산업 혁명이 네 번의 커다란 변혁기를 거쳐 왔듯이, 인문학의 역사도 네 번에 걸쳐 패러다임을 바꾸어 왔습니다. 고대 그리스 시대부터 중세까지는 인문학은 자유 교양(Liberal Arts)이라는 이름으로 불리었습니다. 그러니까 그 당시엔 인문학이 다른 모든 학문의 상위범주였던 시절이었습니다. 인문학 정신이 자연현상을 탐구하는 데 바탕이 되면서 과학적 사고의 지평을 넓히는 데 기여했지요. 르네상스 시대에 와서는 인본주의의 색채가 강화된 형태로 전성기를 맞았습니다. 그러다 19세기 들어 자연과학의 합리성과 실용성에 밀려 최근까지 주변부 학문으로 머물러 있었죠. 하지만 지금은 다시 인문학을 호출해야 할 시점에 와 있습니다.

한나 아렌트는 〈인간의 조건〉에서 모든 것이 자동화되는 현대 사회에서, 인간이 스스로의 실존을 증명하는 수단으로 삼았던 노동이 더 이상 '인간의 조건'이 될 수 없음을 얘기합니다. 그러므로 4차 산업 혁명 시대의 관전 포인트는 인간의 행복을 위해 어떤 노동을 폐지하고, 어떤 노동을 혁신하느냐가 될 것입니다. 유발 하라리가 예상한 것처럼 인공지능으로 인해 인류 역사상 처음으로 인간의 행복이 자신의 창조물인 기계의 손에 의해 좌지우지되는 시대가 본격화될 것이기 때문입니다. 인간을 위해 만들어낸 기업과 국가에 결국 인간이 종속되는 것처럼 말입니다. 기계가 인간처럼 사고하게 되는 것도 문제지만, 인간이 기계처럼 사고하게 되는 것도 비극적인 일이겠죠. 결국 미래는 기술이 우리를 섬길 것인지, 우리가 기술을 섬기게 될지에 따라 그 빛과 그림자가 갈릴 것입니다. 나아가 지금 아이들은 선생님이나 연장자에게 배운 교육 내용으로 여생을 준비하는 게 불가능한 역사상 첫 세대가 될 것입니다.

하라리의 논리를 좀 더 따라가 보죠. 인간은 인지혁명, 농업혁명, 과학혁명을 거쳐 오면서 매번 삶에 필요한 새로운 힘을 얻어 왔지만, 이 같은 힘을 더 큰 행복으로 전환하는 데는 실패했습니다. 인간이 스스로 새로운 지적 설계자로 자인하고 나섰지만, 나보다 나를 더 잘 아는 알고리즘이 등장하는 순간 인간중심주의는 흔들리게 되었습니다. 심지어 진로나 연애 상대를 선택해야 할 경우에도 자신의 심리적 판단보다는 빅데이터나 알고리즘에 의존하게 될 지경에 이르렀습니다. 이는 인간이 겉으로만 전지전능할 뿐 속으론 무능한 존재로 전락하게 되는 시나리오입니다.

그렇다면 '데이터교'의 세례를 듬뿍 받고 있는데도 우리는 왜 행복하지 못한 걸까요? 행복의 사용법을 모르기 때문이 아닐까요? 이 질문은 기계와 노동을 경쟁해야 하는 우리가 왜 4차 인문 혁명을 필요로 하는지를 묻는 질문이기도 합니다. 인공지능을 잠재적 경쟁자로 삼아야 하는 학생들로서는 진정한 인간다움의 가치가 무엇인지를 성찰해야 할 것이며, 4차 산업 혁명이 한낱 '기계를 위한 성찬'이 되지 않도록 하기 위해 필요한 인문정신이 무엇인지 진지하게 고민해 보아야 할 것입니다.

이런 흐름에 발맞춰 최근엔 '뉴칼라(New Collar)'라는 신조어가 탄생했더군요. 뉴칼라란 블루칼라(육체 노동직)도, 화이트칼라(전문 사무직)도 아닌 4차 산업 혁명 시대에 최적화된 노동력을 일컫는 말입니다. 스펙이나 전공보다는 '창의적 지능'이나 '사회적 지능'을 핵심 덕목으로 삼는 만큼 인공지능이 대체하기 어려울 것이라 전망되고 있습니다. 다른 사람의 반응을 파악하고 왜 그렇게 행동하는지 이해하거나, 의견 차이를 좁혀 합의점을 찾아가는 협상 및 설득 과정, 다른 사람을 돕기 위해 노력하는 서비스 지향성이 높은 직무들도 뉴칼라 직군에 들어갈 텐데, 공통점은 '인간의, 인간에 의한, 인간을 위한' 영역이라는 점입니다.

인간과 기계 간의 교감방식의 변화

기계는 인간에게 경쟁자가 될 것인가? 파트너가 될 것인가? 영화 〈Her〉를 보았나요? 인간이 기계와 사랑에 빠진다는 이야기를 담은 영화입니다. 대강의 줄거리는 이렇습니다. 2025년, 테오도르는 낭만적인 편지를 대필해주는 기업의 전문 작가로 일하고 있는 고독하고 내향적인 남성입니다. 어릴 적부터 오랫동안 알고 지내오다 사랑하게 되었고 결혼까지 했던 캐서린과 별거한 이후로 줄곧 삶이 즐겁지 않은 상태였습니다. 테오도르는 인공지능으로 말하고 적응하고 스스로 진화하는 운영체제가 설치된 기기를 사게 됩니다. 그리고 그 운영체제를 여성으로서의 정체성을 갖도록 설정합니다. 그리고 난 후 그녀(Her)는 스스로 자신의 이름을 사만타라고 정합니다. 사만타가 심리적으로 성장하고 배워가는 능력은 테오도르를 놀라게 하기에 충분합니다. 테오도르는 사만타와 나누는 대화와 교감에 익숙해지고 점점 친밀해지면서 급기야

성적인 교감에까지 이르게 됩니다. 무엇보다 충격적인 대목은 사만타가 테오도르의 섹스파트너로 자신을 대신해서 이사벨라라는 실제 인간을 파견하는 부분입니다. 인간이 기계의 대리 존재가 되고 아바타의 역할을 하게 되는 것입니다. 영국 채널4와 미국 AMC가 함께 만든 드라마 〈휴먼스〉(2015)에도 인간의 일상을 대행할 수 있는 '휴머노이드'들이 주연으로 등장합니다. 자동차 5년 할부 가격이면 구입할 수 있는 로봇들은 가사도우미나 환경미화원, 헬스 트레이너나 건강 관리사, 심지어 성 노동자 역할을 하며 인간의 삶을 고스란히 재현합니다.

하라리는 인공지능이 인간보다 높은 지능을 갖추긴 하겠지만 '의식' 있는 존재가 되기란 힘들 것이라 내다봤습니다. 인공지능을 작동시키는 알고리즘은 그때까지 축적된 데이터를 토대로 하는 만큼 상황에 따른 최적화된 정보와 판단을 제공할 수는 있을 것입니다. 하지만 인간의 행위란 마냥 최적화된 프로그램이나 상식적인 원리에 따라 이루어지는 것은 아닐 테지요. 이를테면 독신주의나 욜로족 문화 등은 인류가 지향해온 최적의 방식을 거스르는 흐름이라고 할 수 있습니다. 인간의 뇌에는 인공지능과는 달리 '밈'이라 불리는 문화적 유전자, 혹은 의식이 존재하기 때문이겠죠. 인간의 행동이 유전자 결정론보다는 문화적·환경적 요인에 따라 더 크게 좌우된다는 것은, 알고리즘 결정론에 따를 수밖에 없는 인공지능에게 자발적 의식이란 존재 부정의 역설을 낳을 수 있다는 사실을 방증하는 것이 아닐까요? 이 부분은 앞서 살펴본 두 정의(定意와 正意)와 관련된 부분이기도 합니다. 인간이 죽음을 전제로 삶의 의미를 찾는 것은 본질적으로 의식을 갖고 있기 때문일 테죠. 그런데 이 의식이란 무엇일까요? 인간의 뇌 안을 들여다본다 해도 복잡하게 얽혀 돌아가는 전자와 화학물질들의 운동, 그리고 회색 세포들만 찾을 수 있을 뿐 '의식'은 발견하지 못합니다. 예를 들어 죽음을 지배하는 의식의 힘을 가장 극단적으로 보여주는 것이 자살일 텐데, 인공지능은 자살 충동을 느낄까요? 자살은 시간의 흐름 혹은 알고리즘의 연속성을 거스르는 것이 아닐까요? 인공지능이 인간의 유전자에 해당하는 알고리즘에 따라 행동 한다고 할 때, 그 알고리즘에 역행하려는 행동 또한 학습에 의해 획득될 수 있는 것일까요? 자신의 존재 원인(존재 원리)을 스스로 부정할 수도 있는 자유의지를 의식이라 할 수 있지 않을까요? 인간적인 로봇의 등장은 삶을 보다 편리하게 해 줄 것입니다. 하지만 기술적 알고리즘 차원이 아닌 인간적인 교감을 하게 된다면 어떻게 될까요? 윤리적이고 사회적인 가치판단을 해야 하는 난감한 상황이 될 수 있겠죠.

조금 다른 얘기를 해볼까요. 작년에 이어 올해에도 바둑계에 커다란 지각변동이 있었죠. 작년엔 세계 최정상급의 이세돌 기사와 인공지능 알파고가 벌인 세기의 대결이 있었고, 올해엔 '알파고 제로'라는 더 강력한 인공지능이 등장했습니다. 지금까지의 인공지능이 외부에서 데이터와 인간 지식의 도움을 받아야 했다면 알파고 제로는 대국 상대 없이 순수하게 독학만으로 인간이 수천 년 동안 개발한 바둑 이론을 깨달았습니다. 아무런 사전 지식이나 데이터 없이도 스스로 수많은 시행착오를 통해 요령을 터득하는 이른바 '강화학습'(reinforcement learning)을 통해서이지요. 지도 학습에서 비지도 학습으로의 패러다임 전환을 일궈낸 셈입니다.

3천 년의 세월을 인간과 함께해온 바둑, 경우의 수가 무려 10의 170 제곱으로 결코 똑같은 대국이 나올 수 없다는 '위대한' 바둑이 태어난 지 고작 2~3년밖에 되지 않은 인공지능 앞에 무릎을 꿇었다는 건 뭘 의미하는 걸까요? 기계가 넘어설 수 없는 유일한 두뇌게임이라던 바둑의 신화를 깨트리고, 바둑 천재들이 최선이라 여겼던 절대적 믿음을 뒤흔들어 놓은 알파고의 창의성과 판단력 앞에 경외감이 드는 것은 왜일까요? 기존의 정석을 무시하는 악수들을 서슴없이 두었음에도 승리했던 알파고에게 교과서적 지식은 무기력했습니다. 그가 둔 비정상적인 수가 가장 이상적인 수였음이 밝혀진 만큼, 지금껏 우리가 최선 혹은 상식이라 판단해온 삶의 기준을 의심해 봐야 하지 않을까요?

참고 자료

리처드 도킨스(홍영남 역): 이기적 유전자, 을유문화사, 2010.
마이클 센델(김명철 역): 정의란 무엇인가, 와이즈베리, 2014.
베르나르 베르베르 (이세욱, 임호경 역): 상상력 사전, 열린책들, 2011.
유발 하라리(조현욱 역): 사피엔스, 김영사, 2015.
유발 하라리(김명주 역): 호모 데우스, 김영사, 2017.
한나 아렌트(이진우 역): 인간의 조건, 한길사, 2017.

6강

청춘들을 위한 웰다잉 교육

– 가치 있는 삶, 품위 있는 죽음

죽음은 삶을 삶답게 하는 전제이자 귀결점이라 할 수 있습니다. 삶은 죽음에 의해 비로소 완성되거나 가치를 부여받게 된다는 의미입니다. 한 줄의 문장은 마침표를 찍었을 때 비로소 의미가 결정되는 것처럼 말이죠. 하지만 죽음은 인간이 실존적으로는 경험할 수 없는 미지의 영역입니다. 인간은 자신의 죽음이 아니라 타인의 죽음만을 체험할 수 있을 뿐이죠. 웰다잉 교육(죽음대비교육)이란 죽음을 부정하고 금기시하는 태도에서 벗어나 죽음의 의미를 객관화시킴으로써 자신의 삶을 더욱 더 진지하게 반추할 수 있게 하는 교육이라 할 수 있습니다. '메멘토 모리(Memento mori 죽음을 기억하라)'가 전달하는 메시지처럼 삶의 과정에서 죽음을 의식할 때 그만큼 삶에의 열정도 강렬해 질 수 있다는 논리를 품고 있습니다.

이번 강의는 '가치 있는 삶과 품위 있는 죽음'이라는 주제를 통해, 자살 고위험 국가에 해당되는 대한민국의 청춘들에게 필요한 삶의 자세와 마음가짐을 되새겨보는 시간을 갖고자 합니다

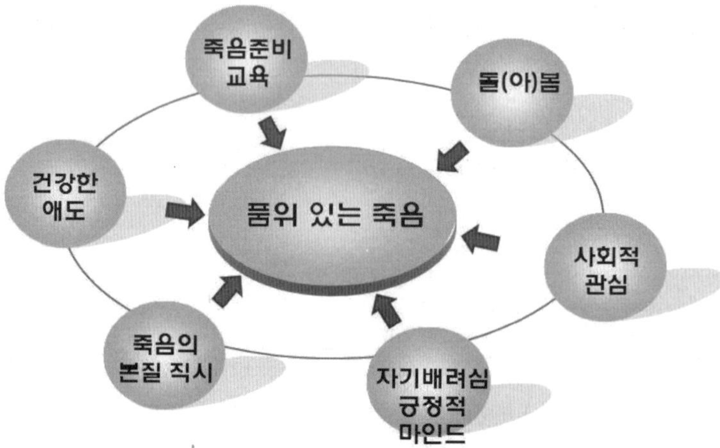

삶의 유한함을 인식할 때 인간은 더 인간다워진다.

"인생은 한 권의 책과 같다. 어리석은 사람은 대충 책장을 넘기지만 현명한 사람은 공들여서 읽는다. 그들은 단 한 번밖에 읽을 기회가 없다는 사실을 잘 알고 있기 때문이다." 독일의 소설가였던 장 파울(Jean Paul)이 한 말입니다. 그렇습니다. 진정으로 가치 있는 것은 그것이 영원하지 않기 때문이겠죠. 우리에게는 모두 삶의 유효기간이 있습니다. 삶의 유한성을 자각할 수 있기에 삶이 더 가치 있고 소중하게 여겨지는 것이겠죠. 그러므로 죽음을 부정하고 금기시하는 태도에서 벗어나, 죽음의 의미를 객관화시킴으로써 자신의 삶을 더욱더 적극적으로 살아가려는 태도를 가질 필요가 있습니다.

검은색 바탕에 흰색은 명시도가 매우 높듯이, 삶이라는 흰색 또한 죽음이라는 검은색을 바탕으로 할 때 더욱 강렬해질 것입니다. 삶은 죽음을 전제로 합니다. 죽음이 있기에 삶을 더욱 진지한 자세로 살 수 있는 것일 테죠. 독일의 작가 프란츠 카프카는 "삶이 소중한 이유는 언젠가 끝나기 때문이다."라고 말했습니다. 이처럼 일상에서 죽음을 떠올려야 하는 까닭은 죽음에 대한 개념 없이는 내가 무엇을 하며 살고 싶은지를 알 수 없기 때문입니다. 만일 한 달 후에 지구가 멸망할 것이란 사실을 알게 된 사람들이라면 아무도 주가 상승이나 명품, 좋은 스펙 등에 목말라 하지 않을 것입니다. 영국의 극작가였던 조지 버나드쇼는 자신의 묘비 문구를 이렇게 지었다는군요. '우물쭈물하다가 내 이렇게 될 줄 알았지.' 자기가 하고 싶은, 혹은 해야만 하는 일들을 다 하지 못하고 죽음에 임박해서 자기 삶을 후회하고 반성한다는 의미일 테죠. 그런가 하면 젊은 나이에 죽은 영화배우 제임스 딘은 이렇게 말했다는군요. "영원히 살 것처럼 꿈꾸라. 그리고 내일 죽을 것처럼 살라." 우리 모두가 언젠가 죽을 수 있다는 관점에서 바라보면, 삶은 당연한 권리가 아니라 소중한 선물로 여겨질 것입니다. 죽음의 진정한 의미는 언젠가 없어질 수 있는 자신의 삶에 대해 소중한 의미를 부여할 때 제대로 드러날 것입니다.

죽음은 모든 생명체가 경험하는 보편적인 현상이긴 하지만 오로지 인간만이 죽음을 의식하며 살아갑니다. 그런 맥락에서 동서고금을 막론하고 수많은 지성들이 죽음에 대한 나름의 정의와 성찰을 제시해왔습니다. 이를테면 플라톤은 '철학함은 죽음을 준비하는 예술이요, 현자의 삶은 죽음에 대한 명상'이라고 했고, 스펜서는 '인간은 삶이 두려워 사회를, 죽음이 두려워 종교를 만들었다'고 했으며, 하이데거는 '인간은 죽음을 향한 존재'라는 유명한 말을 남겼습니다. 그런가 하면 공자는 죽음의 본질에 대해 묻는 제자에게 '삶도 다 모르는데 죽음을 어찌 알겠느냐'는 현명한 대답을 내놓기도 했습니다. 죽음은 우리에게 사건이지만 일상이기도 합니다. 언제 어디서 어떻게 죽음을 맞이할지 모른다는 죽음의 가변성과 편재성(遍在性)이 우리의 삶에 일상처럼 스며들어 있습니다. 죽음은 다분히 개인적인 사건이면서도 한 인간의 사회적 관계에 영향을 미치는 사건이기도 합니다. 죽음이라는 현상에 대한 가치 판단에 사회적, 공적 담론이 요구되는 이유입니다.

프랑스 철학자 장켈레비치는 〈죽음에 대하여〉라는 저서에서 죽음이 지니는 위상과 의미에 따라 1인칭, 2인칭, 3인칭 죽음으로 구분한 바 있습니다. 1인칭 죽음은 '나'의 죽음으로 내가 살아있는 동안엔, 즉 실존적으론 경험할 수 없는 미지의 영역입니다. 2인칭 죽음은 나와 가까운 관계, 즉 가족이나 연인과 같은 친밀집단의 죽음을 말합니다. 상실감의 정도가 매우 큰 죽음의 형태이지요. 2인칭 죽음을 통해 비로소 우리는 죽음을 진지하게 생각하게 되고, 언젠가 내게도 닥쳐올 사건으로 인식하게 됩니다. 그런가 하면 3인칭 죽음은 익명의 '그 또는 그녀'의 죽음으로 엄밀한 의미에서 나와 무관한 죽음입니다. 3인칭의 죽음은 신문의 사회면 한 귀퉁이를 차지할 뿐 우리가 죽음을 실감할 만큼 충격적으로 받아들이진 않는 타인의 죽음입니다.

이 대목에서 웰다잉 교육에 기여하는 예술, 특히 문학의 역할에 대해 얘기하지 않을 수 없군요. 죽음을 다루지 않는 문학 작품을 본 적이 있나요? 해피엔딩이든 새드엔딩이든 문학은 사랑과 죽음 혹은 상실을 주된 모티브로 삼을 수밖에 없습니다. 죽음을 규정하고, 죽음을 에둘러서 삶과 사랑을 이야기하는 거대한 은유 공간이라 할 수 있죠. 문학은 끊임없이 죽음이라는 실존적 한계상황을 환기시킴으로써 인간 조건의 희소성을 일깨워주며, 이러한 희소성 때문에 우리는 삶의 매 순간을 더 소중하게 여기는 것일지도 모른다는 의미입니다. 그렇게 볼 때 문학작품은 역설적으로 희망과 긍정의 학습효과를 증폭시켜주는 교육 서사로 기능하는 셈입니다. 인문치유, 문학치유, 음악치유, 미술치유 등 예술과 인문 분야를 치유의 학문으로 재조명하려는 움직임도 이러한 맥락에서 이해할 수 있겠죠. 문학작품이라는 거대한 인생극장 안에선 상실과 극복의 스토리가 끊임없이 재생되는데, 이는 우리가 자신의 삶을 위로하고 사랑하는 데 훌륭한 길잡이가 되어주기도 합니다. 작품 속의 인물에 연민을 느끼고 공감하는 과정에서 카타르시스를 느끼게 되고 결국엔 스스로의 고통을 객관화시킬 수 있게 될 테니까요.

왜 죽음 대비 교육(Death education)인가

인간이라면 누구나 살아가면서 소중한 존재의 죽음을 한 번쯤은 경험하게 됩니다. 자신의 존재 이유와도 같았던 그 누군가를 떠나보내는 고통, 특히 예측하지 못한 급작스러운 죽음으로 인한 상실감은 개인에게는 물론 가정 및 그가 속한 사회에도 커다란 영향을 미치게 됩니다. 죽음은 다분히 개인적인 사건이면서도 한 인간의 사회적 관계에 영향을 미치는 사건입니다. 죽음은 인간이 실존적으로는 경험할 수 없는 미지의 영역입니다. 자신의 죽음이 아니라 타인의 죽음만을 체험할 수 있다는 사실은 그런 점에서 '죽음의 타자성'을 함축하지요.

현대사회의 죽음체계와 관련해서 주목할 만한 현상 중의 하나는 죽음 공간이 사적 공간에서 공적 영역으로 옮아가게 되었다는 사실입니다. 인간의 죽음 현상을 관장해왔던 종교적 심급이 과학적 지식체계에 의해 세속화 및 탈신비화되면서 '죽음'은 병원이라는 공공적 · 사회적 공간 안에서 담론화되기 시작한 것이죠. 문제는 의료 과학적 지식체계가 비록 공공성과 사회성을 획득했다고는 하나 그 자체로 보편적 윤리관과 가치관을 담보할 수 있는가 하는 점입니다. 이는 죽음의 문제가 개인의 문제에서 사회 · 문화적 차원으로 그 외연이 확장되는 과정에서 물어져야 할 공적 담론으로서의 신념에 관련된 부분이라 볼 수 있습니다. 인문학적 담론이 절실해지는 대목은 바로 이 지점입니다. 말하자면 과학 담론이 의도적으로 간과했거나 소홀히 할 수밖에 없었던 '휴머니즘적' 요소들을 인문학적 시각에서 조망함으로써 지금까지 터부시되어 왔던 죽음 담론을 체계화, 제도화하는 작업이 긴요해진 상황입니다.

이와 관련해서 영화 한 편을 소개하겠습니다. 〈패치 아담스〉라는 영화인데요, 이 영화는 치료와 치유에 공감이 왜 중요한 가치인지를 섬세한 시각으로 조명합니다. 한때 자신도 불행했던 과거 때문에 정신병동을 찾아야 했던 한 정신과 의사가 환자를 대하는 방식은 한마디로 배려와 관심과 교감이었습니다. 그는 항상 환자 '위'가 아니라, 환자 '곁'에 머물러 있었습니다. 그는 고통이 의사에게 무엇을 말해주는가를 알려고 하는 대신, 그 고통이 환자 본인에게 무엇을 말해주는가를 이해하려 했습니다. 환자가 기다리는 것은 내 손길이 아니라 마음이라는 것을, 환자를 만나기 전에 먼저 인간을 만나야 한다는 것을, 병명을 불러주기보다는 이름을 불러주는 것이 최소한의 예우라는 것을 잘 알고 있는 의사였습니다. 그렇습니다. 이젠 의학 분야에도 인간의 무늬와 인문의 정서가 필요한 시대입니다. 곧 시행될 웰다잉법도 그 바탕에는 결국 인간적인 삶과 품위 있는 죽음에 대한 사회적 관심이 놓여있습니다. 생명 연장을 주된 목적으로 하는 기존의 의학 패러다임에는 한계가 있다는 인식이 사회적 합의를 이끌어낸 결과일 테죠.

미국과 유럽, 일본 등 여러 선진국에서는 이미 오래전부터 웰다잉 교육을 제도권적 교육 형태로 실시해오고 있습니다. 특히 독일의 웰다잉 교육은 중 · 고등학교의 정규교과과정으로 채택되어 있으며, 고등학교와 대학교에 개설된 죽음 교육 과목 수만 해도 1980년대에 이미 1000여개를 넘어선 상태입니다. 예컨대 독일의 중학교 교과과정 중 〈죽어감과 죽음〉이라는 교과서에서는 1. 죽음과 장례식, 2. 청소년의 자살, 3. 인간답게 죽는 방법과 윤리적인 문제, 4. 생명에 대한 위협과 죽음과의 대결, 5. 죽음의 해석 등의 테마 영역들이 다루어지고 있습니다.

죽음을 더 이상 금기의 영역이 아니라 '타자와의 윤리'와 '관계의 문화'로 인식해야 한다는 것이 이들 죽음 대비 교육의 근본 취지입니다. 이러한 시류에 부응해서 2008년부터 독일 학계에서는 독일 정부의 지원을 받아 '죽음과 죽어감'이라는 주제로 대규모 프로젝트를 시행하고 있으며, '죽음학'이라는 교과범주를 가지고 라이프치히, 뷔르츠부르크, 하노버 등과 같은 대학들이 다양한 형태의 죽음 교육을 시행하고 있습니다. 현재 일본에서 활동하고 있는 독일 출신의 죽음 연구의 대가인 알폰스 데켄은 '인문학으로서의 죽음교육'을 선도하고 있으며, 페촐트 교수는 '통합적 치유' '라는 접근방식을 통해 인문치유의 담론을 활성화시키고 있기도 합니다. 독일의 중고등 교육기관은 죽음교육을 철학, 의학, 심리학, 역사, 문학, 비교종교학 등과 같은 학제적인 접근을 하는 과정에서, 주로 문학작품을 교육콘텐츠로 삼고 있습니다. 이를테면 릴케의 〈말테의 수기〉와 톨스토이의 〈이반일리치의 죽음〉을 비롯해 카프카의 몇몇 작품들을 참고자료로 활용하고 있습니다. 〈말테의 수기〉의 핵심 대목을 살펴보죠. "기억하기 위해서가 아니라 망각하기 위해서 장례라는 절차가 진행된다. 욕망의 고리에 대량소비의 인생을 살면서 현대인은 그들의 소비 마지막에 드디어 죽음을 소비하고 탕진하고 있는 것이다." 어떤가요? 죽음을 '소비하고 탕진'한다는 말에서 씁쓸하고 서글픈 기분이 들지 않나요? 죽음 앞에선 인간은 누구나 평등합니다. 누가, 언제, 어디서, 어떻게 죽을지 아무도 모른다는 점에서 말입니다. 언젠가는 누구든 죽음을 맞이한다는 점에서 시간의 평등성, 누구나 죽을 수밖에 없다는 인간 운명의 평등성, 어디든 죽음의 장소가 될 수 있다는 장소의 평등성이 존재합니다. 그러나 사람마다 죽어가는 마지막 모습만큼은 동일하지 않습니다. 웰다잉 교육이 중요한 이유입니다. 웰다잉 교육의 전문가 퀴블러 로스는 죽음을 앞둔 사람의 심리적 반응을 다음과 같이 5단계로 구분합니다. 첫째는 부정의 단계입니다. '아니야, 그럴 리 없어'하며 마지막 순간까지 자신의 코앞에 닥친 죽음이라는 사건을 부정하고 싶어 한다는 것이죠. 두 번째는 분노의 단계입니다. '왜 하필 내가, 지금 죽어야 하는지'하는 생각과 함께 주변의 모든 것들을 향해 분노와 원망의 감정을 강하게 표출하는 단계이지요. 세 번째는 타협의 단계입니다. 모든 상황을 받아들이고 분노까지 표현한 후, 종교나 의학의 힘에 기대어 삶을 조금이라도 연장하고 싶은 마음이 생기는 단계랍니다. 네 번째는 가장 무기력해지는 단계로 슬픔과 우울함이 찾아오는 단계입니다. 이미 죽음을 받아들였고 현실과 타협하며 살아가는 중임에도 수시로 비탄과 우울 그리고 자기연민의 감정에 괴로워하는 단계라 할 수 있습니다. 마지막 단계는 수용과 체념의 단계입니다. 부정과 분노, 타협과 우울의 감정을 거친 후 모든 상황을 담담하게 받아들이는 단계입니다. 마냥 우울하지만은 않지만 그렇다고 활기차지도 않은 평정의 상태를 유지하면서 자신의 감정을 돌아보고, 죽음을 준비하는 단계입니다.

웰다잉 교육이란 죽음을 부정하고 금기시하는 태도에서 벗어나 죽음의 의미를 객관화시킴으로써 자신의 삶을 더욱더 진지하게 반추할 수 있게 하는 교육이라 할 수 있습니다. 페니스톤 같은 학자는 웰다잉 교육의 필요성을 역설하면서 "우리는 죽음을 터부시해왔으며 그것에 대해 쉽사리 말을 할 수가 없었다. 그 결과 성(性)에 있어서와 마찬가지로 엄청난 오해가 생겼는데, 특히 슬픔 및 사별을 경험한다는 것이 무엇인지에 대해 그랬다. 성에 있어서와 마찬가지로 죽음의 문제도 감성적으로 되기 전에 이성적으로 논의해야 한다."고 말한 바 있습니다. 말하자면 웰다잉 교육은 사랑하는 사람의 죽음을 어떻게 맞이해야 하는가에 대해 마음의 준비를 하게 함으로써 온전한 삶의 방식을 성찰할 수 있도록 하는 교육입니다. 요컨대 웰다잉 교육에는 상실감에서 비롯되는 슬픔과 비탄의 감정을 상대화시킴으로써 생의 의지를 더욱 공고히 할 수 있다는 신념도 깔려있는 셈입니다.

메멘토 모리(Memento mori), 죽음을 기억하는 법

메멘토 모리는 자신의 '죽음을 기억하라' 또는 '너는 반드시 죽는다는 사실을 기억하라' 정도로 해석할 수 있는 말입니다. 삶의 매 순간마다 죽음을 의식할 때 그만큼 삶에의 열정도 강렬해질 수 있다는 메시지를 담고 있습니다. 그런 점에서 메멘토 모리는 '카르페 디엠'(Carpe diem)과 맞닿아 있다고 볼 수 있습니다. 카르페 디엠은 '지금 이 순간을 즐기되 선물처럼 소중히 여겨라'라는 의미를 담고 있습니다.

메멘토 모리라는 말이 탄생된 배경은 이렇습니다. 로마제국이 한창 번성할 무렵 로마는 수많은 전쟁에서 번번이 승리를 거두었습니다. 그때마다 전쟁 영웅들은 개선 행진을 하곤 했는데, 여기에는 매번 치르는 특별한 전통 행사가 있었습니다. 개선장군이 얼굴에 붉은 칠을 한 채 네 마리의 말이 끄는 마차를 타고 로마 시내를 퍼레이드 합니다. 개선장군의 뒷자리에는 노예 소리꾼을 앉혀놓고 '메멘토 모리(Memento mori)'를 외치게 했습니다. 시민들의 환호와 박수 속에서 행여 교만하거나 자만하지 않도록 경각심을 불어넣어 주기 위함이었습니다. 승리는 영원하지 않기에, 오늘은 개선장군일 수 있지만, 당신도 언젠가는 죽게 된다. 그러니 늘 겸손한 삶을 살라는 삶의 진리를 선물한 셈이죠. 터키의 유적지 '히에라 폴리스'라는 곳의 묘비명에 "나, 어제 너와 같았으나, 너도 내일 나와 같으리라"는 말도 같은 맥락에서 이해할 수 있지 않을까요?

그런가 하면 카르페 디엠은 호라티우스가 쓴 송시(頌詩)의 한 구절에서 유래한 말입니다. "오늘을 즐겨라, 가급적 내일이란 말은 최소한만 믿어라" 의 한 부분입니다. 한 마디로 미래는 알 수 없는 것이라는 얘기죠. 여러분 나이 때 〈죽은 시인의 사회〉(1989)라는 영화를 본 적이 있습니다. 영화에서 키팅선생은 학생들에게 전통, 규율, 성적에 집착하지 말고 자유롭고 창의적인 인간이 되라며 '카르페 디엠'을 강조합니다. 키팅선생은 영국 시인 '로버트 헤릭'의 〈처녀들에게, 시간을 소중히 하기를〉이란 시에 대해 설명하며 학생들에게 "왜 시인은 할 수 있을 때 장미 봉오리를 모으라고 했을까? 그것은 우리 모두 언젠가는 죽을 것이기 때문이지."라고 얘기합니다. 젊고 아름다운 시절에 그 아름다움을 즐기지 못한다면, 다시는 그것을 찾을 수 없다는 의미겠지요. '오늘은 내게 남은 생의 첫날이다.' 이 글귀는 미국의 센트럴 파크 어느 벤치에 쓰여 있던 낙서라고 합니다. '내가 헛되이 보낸 오늘 하루는 어제 죽어간 이들이 절실히 살고 싶어 했던 내일이었다.' 이 말은 고대 그리스의 비극작가 소포클레스가 한 말입니다. 공통점이 느껴지나요? 바로 '오늘'의 중요성입니다. 세상이 나를 기다려 준 생의 첫날, 누구나 주인공이 되는 날입니다. 앞서 3강에서 말한 '재미와 의미'가 풍성하게 어우러지는 '나' 만의 날인 만큼 결코 허투루 보낼 수 없는 짧은 시간입니다. '재난은 내가 소홀히 보낸 어느 시간에 대한 보복이다.' 라는 말이 있습니다. 죽음을 기억하는 가장 좋은 방법은 오늘의 중요성을 기억하는 것이 아닐까요?

지금부터는 죽음에 대한 인식이 시대에 따라 어떻게 변화되어 왔는지 살펴보고자 합니다. 프랑스 역사학자 필립 아리에스는 〈죽음 앞의 인간〉이라는 저서를 통해 수천 년 동안의 인류 문화에서, 그리고 서구 문화권에서 죽음이 어떻게 받아들여졌는지를 분석했습니다. 그는 죽음에 대한 인간의 태도가 어떻게 변화해 왔는지 4개의 형태로 분류합니다. 첫째, 12세기 초까지는 종(種)의 집단적 운명으로서의 죽음과 인간과의 친밀성을 특징으로 하는 '길들여진 죽음'입니다. 고대와 중세 시대의 사람들은 세상의 근본원리가 신의 뜻에 의해 미리 프로그래밍되어 있다는 결정론적 사유에 길들여져 있었습니다. 죽음 또한 신이 관장하는 운명론적 세계관을 절대적 진리로 받아들이고 있던 만큼 죽음에 대해 두려움보다는 일종의 친밀감을 갖고 있었던 것이죠. 노쇠하면 자신이 죽을 때를 알고 '운명과 자연의 섭리에 고분고분 자발적으로 복종'했습니다. 그런 죽음을 아리에스는 '길들여진 죽음'이라고 지칭했습니다. 둘째, 12세기 초부터 17세기까지는 전통적인 친밀성에 개인적인 의미가 부가된 '자신의 죽음'의 시대였습니다. 그 시대의 부, 학식, 권력을 쥔 사람들은 자신이 '집행유예 중에 있는 사자(死者)'라는 사실을 인식하기 시작했습니다. 그 유예기간은 생각보다 짧을 뿐만 아니라, 죽음은 이미 자신의 삶 깊숙이 파고들어 자신의 야망과 꿈을 위협하고 있다는 걸 자각하게 된 것입니다. 절대자를 믿기만 하면 죽음 이후에 구원받을 수 있을 거란 확신이, 생전의 내 행위에 따라 가혹한 심판을 받을 수 있다는 두려움으로 바뀌게 된 것입니다. 죽는 '순간'이 중요해지면서 죽음은 점차 개인적 차원의 '사건'이 되어갑니다.

셋째, 18세기부터 19세기까지는 관심의 초점이 이동하여 미화되고 극화된 '타인의 죽음'의 시대입니다. '죽음을 치켜세우고, 비극적인 것으로 여기며, 죽음이 어느 정도 낭만적이고 사람의 마음을 사로잡는 것'이기를 바라는 시기였습니다. 당시의 시대정신인 낭만주의 사조와 더불어 죽음은 낭만화되고, 숭배의 대상으로 여겨지게 됩니다. 넷째, 그리고 20세기 초부터는 죽어가는 사람에게 상태의 심각성을 감추려는 경향이 생긴 '금지된 죽음'의 시대가 펼쳐지게 되었습니다. 사람들은 이제 내 집에서, 가족들에 둘러싸여 죽는 것이 아니라, 병원에서 그것도 홀로 죽게 된 것이죠. 이때부터 죽음의 당사자와 유족은 죽음의 주도권을 박탈당했고, 죽음을 둘러싼 '격한 감정'은 병원에서도 사회에서도 가급적 삼가야 하는 거로 인식하도록 강제됩니다. '길들여진 죽음'으로부터 '금지된 죽음'으로의 변화는 죽음에 대한 친숙성과 비친숙성 또는 수용과 거부라는 심리적 거리감의 변화를 의미합니다. 더 나아가 아리에스는 '아름다운 죽음'에 대한 분석에서 유럽인들의 죽음에 대한 이중적인 태도를 지적합니다. 유럽인들은 죽음의 미학화를 통하여 죽음에 대한 공포에서 해방되고 영혼의 교류에 대한 믿음으로 사랑하는 이들을 잃은 슬픔을 극복하고자 하면서도, 다른 한편으론 죽음을 미화시킴으로써 부정적인 죽음 기호를 그들의 일상으로부터 배제하려 했다는 것이죠. 이런 식의 미학화 과정을 통해 상대화된 죽음은 더 이상 '내 안의 타자'가 아니라 '기억 속의 타자'로 존재할 수밖에 없게 됩니다. 이 '아름다운 죽음'의 원인으로 18세기부터 등장하게 되는 핵가족제도를 지목하는 게 대다수 학자들의 공통된 의견입니다. 친밀한 관계가 중요해진 핵가족의 구성원들에게 사랑하는 가족의 일원이 죽어서 관계를 유지할 수 없는 상태가 된다는 사실은 받아들이기 힘든 사건임이 틀림없습니다. 커다란 상실의 아픔을 극복하기 위해 유럽인들은 영혼의 교류나 궁극적인 영혼의 재결합이라는 전략을 개발하게 되었다고 볼 수 있습니다. 사랑하는 사람에 대한 아름다운 기억만을 간직하고 싶은 생존자들의 욕망이 죽은 이를 아름답게 장식하게 만든 것이죠.

독일은 '아름다운 죽음', 혹은 '죽음의 미학화'를 가장 적극적으로 실현한 나라가 아닐까 싶습니다. 유학 시절 산책길에 독일의 공동묘지를 지나친 적이 종종 있었습니다. 그때마다 놀라웠던 건 도심 곳곳에서 볼 수 있는 공동묘지가 삶과 죽음이 공존하는 공간으로 꾸며져 있더라는 겁니다.

독일은 공동묘지를 '프리트호프(Friedhof)'라고 부르는데, '평화(Frieden)'와 '뜰(Hof)' 이라는 단어가 합쳐진 '평온의 뜰'이라는 의미입니다. 평온의 뜰을 중심으로 근처에는 교회와 학교가 이웃해 있으며 어린이 놀이터와 조각공원도 어우러져 있습니다. 이 평온한 공간을 오가며 죽음을 목도하는 일이 독일에서는 일상적인 풍경 중의 하나인 셈이죠.

그렇다면 독일은 왜 죽음의 공간을 이토록 삶과 가까이 두려는 걸까요? 지금은 살아 있지만, 그들도 주어진 삶의 여정을 끝내면 이 평온의 뜰에서 안식을 취할 수 있을 것이란 기대감이 있기 때문이 아닐까요. 나 역시 보장받을 수 있는 그 정당한 평온을 위해 오늘을 아끼며 삶을 가다듬어가는 것일 테죠. 그러니 이들에게 죽음은 두려움이 아니라 삶의 보상인 셈입니다. 도시의 가운데에, 마을의 어귀에, 성당의 뒤뜰에 늘 죽음을 두고 삶을 사는 그들이니 그 삶들이 결코 가벼울 리 없을 겁니다.

상실이 일상이 되어 버린 시대의 애도 교육

가족이나 연인처럼 가까운 사람과의 사별을 체험한다는 것은 우리에게 감당하기 어려운 시련을 안겨줍니다. 한때 자신의 존재 이유이기도 했던 누군가를 상실하게 될 때 사람들은 극심한 비탄의 감정에 빠질 수밖에 없습니다. 이러한 상실감은 남아있는 자들에게 정신적 외상을 초래하게 되는데, 이 상처는 일련의 특정한 과정을 거쳐야만 비로소 치유될 수 있습니다. 이 자기치유의 과정을 우리는 애도 작업이라 부릅니다. 애도교육이란 사랑했던 존재와의 사별 이후 슬픔과 상실의 감정을 충분히 느끼고 이해하고 표현하게 함으로써 떠나간 사람이 없는 환경에서도 잘 살 수 있는 새로운 '나'로 변화하도록 도와주는 교육을 말합니다.

여러분들은 살아가면서 무언가 잃지 않을까 하고 두려워하고 불안해하고 있나요? 하지만 우리네 삶은 끊임없이 무언가를 상실해가는 과정 속에서 성장하는 것이 아닐까요? 그러니 상실을 '모든 것이 끝났다'는 의미가 아니라 '아직도 계속되고 있다'는 증거로 보아야 하지 않을까요? 사람은 태어나면서부터 죽을 때까지 날마다 크고 작은 상실을 겪으며 살아갑니다. 그 상실의 무게와 종류가 다 같은 것도 아니지요. 삶의 어느 시점이 되면 부모를 잃고, 형제자매를 잃으며, 친구들을 잃게 되는 관계의 상실을 비롯해 헤어짐, 실직, 이혼, 절교, 질환, 이사 등 상실의 형태는 실로 다양하게 존재합니다. 분명한 것은 생명을 유지하는 데는 상실과 죽음이 필연적일 뿐 아니라 지속된다는 사실입니다. 끊임없이 상실하고 회복하는 과정이 곧 우리 삶의 여정이라는 얘기입니다. 그렇다면 우리는 이 다양한 상실체험들을 자신의 낡은 서사와 굳건히 결별하고 새로운 나로 거듭날 계기로 삼을 수는 없을까요? 애도 교육은 이러한 물음에서 출발합니다.

하지만 상실의 실재와 마주하면서 우리는 자신과 세상에 대한 이해의 폭을 넓히고 그것을 삶에 적용해야 할 필요가 있습니다. 프로이트는 〈애도와 우울증 Trauer und Melancholia〉에서 애도 작업을 사랑하는 대상으로부터 점차적으로 리비도를 분리시키는 것으로 규정한 바 있습니다. 이 과정에서 사람들은 누구나 비탄이라는 일련의 정서적 반응을 경험하게 되는데, 적절한 애도 작업을 거치지 않을 경우 비탄 감정은 병리학적인 증세로 표출될 수밖에 없다는 게 그의 주장입니다. 그러므로 정상적인 애도 작업을 위해서는 그간 사랑했던 사람에게 쏟아온 에너지를 회수해옴으로써 떠나간 자의 죽음을 내면화하고 나의 아픔을 객관화시킬 수 있어야 한다는 것입니다. 사랑의 에너지(리비도)를 새로운 대상에 재투자할 수 있어야 한다는 것이죠. 문제는 애도 작업이 외면받고 등한시되는 오늘날의 현실입니다. 필립 아리에스는 죽음이 은폐됨으로써 죽은 자에 대한 애도 행위마저도 억압되고 있는 현대사회의 문제점을 다음과 같이 지적하고 있습니다.

"20세기 초반부터 죽음을 사회로부터 격리시키고 가족과 가까운 친지에 한정된 사적인 행위로 만들어 그것이 갖고 있던 공적인 의례로서의 성격을 제거하려는 심리적 메커니즘이 자리 잡게 된다. 그러다가 임종 환자들의 병실 입원이 보편화되면서 가족마저도 배제되기 시작한다.(…) 오늘날 죽음의 역사에서 두 번째로 중요한 사건은 애도 기간에 대한 거부와 삭제의 움직임이다."

애도 장애의 결과는 혹독하고 잔인합니다. 현대인의 우울증은 물론이고 폭력성의 근원에도 애도 억압의 문제가 도사리고 있기 때문이죠. 줄리아 크리스테바는 우울증을 집중적으로 분석한 〈검은 태양: 우울증과 멜랑콜리〉에서 현대사회의 폭력성마저도 애도 불이행의 문제로 파악하고 있습니다.

그렇게 본다면 지금 한국사회에서 벌어지고 있는 수많은 폭력들, 예를 들어 '묻지마 폭력'이나 '데이트 폭력'도 애도 장애에서 비롯된 폭력일 가능성이 높습니다.

이러한 폭력성은 타인뿐만 아니라 자신을 희생양으로 삼기도 합니다. 실존적 한계상황에 내몰린 자의 탄식이 사회적 반향을 얻지 못할 때 죽음 충동이 내 안의 부정적인 정체성을 공격하게 되는 것이죠. 이는 결국 사회 전체의 소통과 감응의 문제로 귀결됩니다. 애도 장애를 겪는 타인을 '인내적 인간'으로 거듭날 수 있도록 이끌어 주기 위해서는 이해와 공감의 환경이 절실히 필요합니다. 그래야만 그들의 죽음 충동(타나토스)을 삶의 에너지(에로스)로 돌려놓을 수 있을 테니까요. 한 인간의 고통 안에는 애도하지 못한 그의 '이야기 정체성'이 담겨있는 법입니다. 그가 겪어온 고통의 이야기를 온전히 추체험(追體驗)하려면 냉철한 '설명'이나 객관적인 '분석'이 아니라 따뜻한 '이해'의 귀 기울임이 필요한 이유입니다. 상실의 고통은 삶의 보편적인 체험이라는 사실을, 친밀감이 때론 쓰라림을 증폭시킨다는 사실을, 그리고 그런 시련은 나뿐만 아니라 누구나 겪어내야 하는 삶의 과정이라는 사실을 우리는 인식할 필요가 있습니다. 독일어로 헤어짐은 'Abschied nehmen(압쉬트 네멘)'이라는 표현을 씁니다. 여기에는 헤어짐이란 당하는 것이 아니라 받아들이는 것이라는 의미가 담겨있습니다. 우리는 살아가면서 사별이든 단순한 이별이든 수많은 헤어짐을 경험하게 됩니다. 중요한 것은 그 헤어짐에 우리가 어떤 의미부여를 할 것이며 어떻게 그 상황과 화해할 것인가 입니다.

상실과 애도 개념은 정신분석학뿐만 아니라 문학의 중심테마이기도 합니다. 융 학파 정신분석학자 데이비드 로젠이 애도의 핵심을 "과거의 자기 죽이기, 새롭게 태어나기"라고 정의한 바 있듯이, 건강한 애도 작업은 상처받은 사람들에게 있어서 중요한 심리적 성장기제로 작용할 수 있습니다. 사별, 헤어짐, 실직, 이혼, 절교 등 상실이 일상이 된 시대에 애도는 필수불가결한 생존의 기술이라 할 수 있습니다. 제대로 된 애도 교육을 통해 내 안의 심리적 트라우마와 상처를 극복할 마음의 항체를 길러가길 바랍니다.

자살이 선택사항이 될 수 없는 이유

오늘날 우리 사회의 대부분의 젊은이들은 '실존적 좌절감'에 노출되어 있습니다. 실존적 불안이나 집단 우울증 현상이 이들에게 존재의 의미와 삶의 의지를 상실케 하고 있는 게 현실입니다. 이러한 실존적 공허감은 개인마다 처해진 한계상황에 따라 다양한 가면을 쓰고 등장하기도 합니다. 욕망의 충족 가능성과 불가능성 사이의 거리감에 따라 가면은 때론 단순한 무력감의 형태로, 때론 자기살해충동으로 변용되기도 합니다. 삶 혹은 세상과의 근본적인 불화에서 생겨난 고통과 불안감 앞에서 '자기애'의 가치를 상실했기 때문입니다. 동일한 고통 속에서도 누군가는 그 시련에 의미를 부여해 재도약의 발판으로 삼지만, 누군가는 그 즉시 삶의 의미를 잃어버리고 무기력증이나 우울증에 빠지기도 합니다. 우울증이라는 것은 자신의 존재가치와 삶의 의미를 상실했거나 찾지 못했기 때문에 생겨난 심층적 고뇌라고 할 수 있습니다. 중요한 사실은 삶의 의미는 발견하는 것이지 만들어내는 것이 아니라는 점입니다.

이른바 '인내적 인간 homo patience'은 자살 고위험 국가에 해당되는 우리 사회가 특히 주목해야 할 인간형입니다. 인내적 인간이란 고통과 시련을 자기 성장의 계기로 받아들여 인간적 성취를 일궈내는 인간을 의미합니다. 자살을 시도하는 사람의 대부분은 죽음 자체보다는 견딜 수 없이 고통스러운 현재 상황에서 벗어나길 원했기 때문일 것입니다. 삶으로부터 아무것도 기대할 것이 없다는 한계상황이 그들에게 자기 파괴적인 에너지를 키워주었을 것입니다. 하지만 고통을 인간 조건의 본질적인 측면의 하나라 이해한다면 고통에도 어떤 식으로든 의미부여는 필요합니다. 도스토예프스키가 "내가 세상에서 한 가지 두려워하는 것이 있다면 그것은 내 고통이 가치 없는 것이 되는 것입니다."라고 한 말의 의미를 음미해보세요.

그렇다면 자살은 선택의 대상이 될 수 있는 걸까요? 논리적으로 볼 때 A와 B 중 하나를 선택하기 위해서는 두 대상 모두를 면밀히 비교 검토해 볼 기회가 주어져야 합니다. 하지만 죽음이란 대상은 살아있는 자로서는 경험할 수 없는 미지의 영역이기에 판단 자체가 불가능합니다. 예일대 죽음학 강의의 대가인 케이건 교수도 지적하듯이, 자살이 합리적 선택이 되려면 "죽는 게 더 나은 삶"이라는 논리적 역설이 해결되어야 합니다.

자살의 경우 정면으로 충돌하는 두 개의 가치가 있습니다. '합리성'과 '도덕성'이 그것입니다. 합리성은 '나'라는 주체와, 도덕성은 '타인'과 각각 관련이 있습니다. 이 논거에 비추어 볼 때 자살행위는 비록 '나'에게는 합리적 선택일지 모르지만, 결코 도덕적이지는 못합니다. 이는 가족이나 연인처럼 이른바 '친밀 집단'에게는 최악의 비합리적 선택이 될 수밖에 없다는 점에서 '의무론적 금기 사항'을 위반하는 행위이기 때문입니다. 삶이란 누군가로부터 주어진 시나리오가 아니라 우리 스스로 선택하고 결정하는 과정에서 엮어지는 반전의 스토리라는 사실을 인식하는 것이 중요합니다. 여기서 우리는 이른바 '파파게노 효과'를 떠올려 볼 수 있을 것입니다. 모차르트의 오페라 〈마술피리〉의 파파게노는 극중에서 사랑하는 여인을 잃은 뒤 스스로 목을 매려 시도하지만, 때마침 세 명의 요정이 나타나 이를 만류합니다. '나의 합리성'에 매몰된 자살의 유혹을 극복하고 '관계성'의 윤리에서 삶의 의미를 복원한 파파게노. 그는 자신의 친밀 집단들을 '배려'함으로써 결과적으로 자기 배려의 삶을 획득하게 된 경우라고 할 수 있습니다.

뒤르켐이라는 학자는 한 사회의 심리적 안전망은 '사회적 통합성'의 정도에 비례한다고 보고, 이에 따라 이기적 자살·이타적 자살·아노미적 자살 등으로 구분한 바 있습니다. 그의 주장에 따르면 공동체 안에 생명존중의 에너지를 선순환시키기 위해서는 긴밀한 유대감과 공감의 환경이 절대적입니다. 사회가 나의 아픔에 반응하고 있다는 심리적 위안을 얻지 못할 때 삶의 신진대사는 멈출 수밖에 없습니다. 그러므로 주변의 누군가가 자기배려의 의지결핍을 호소해올 때, 그 결핍감이 사전에 어떤 신호를 보내오는지 귀 기울여야 합니다. 타인의 고통을 온전히 이해할 수는 없다 하더라도, 그들의 쓰라린 내면의 풍경을 바라봐주고 감응해주는 것만으로도 그들이 느끼는 실존적 좌절감은 경감될 수 있을 것입니다. 타인의 고통에 눈과 귀를 닫아버린 '비통합적' 사회에서 개인의 고립감과 소외감은 치명적일 수밖에 없습니다. 사회가 개인을 호명해 주지 않을 때, 사회가 개인의 자아 존재감을 환기시켜주지 않을 때 개인은 자기연민의 내성을 확보할 기회를 스스로 차단할 수밖에 없습니다. 이것이 자살이 또한 사회적 타살로 읽히는 이유입니다.

언론매체를 통해 '베르테르 효과'라는 말을 들어본 적이 있을 겁니다. 세계 3대 시성 중의 한 명인 괴테가 24살 때 지은 작품 〈젊은 베르테르의 슬픔〉에서 비롯된 말입니다. 사랑의 '민주화'를 외치다 가혹한 현실의 벽에 부딪혀 세상을 등져버린 주인공(베르테르)의 자살을 모방해서 당시 수많은 젊은이들이 자살의 행렬을 이룬 적이 있었습니다. 사랑했던 상대에게 주었던 에로스를 되돌려 받는 과정이란 물론 쉬운 일이 아닐 테지요. 적절한 치유과정이 필요하다는 것도 바로 이러한 어려움을 방증하는 것일 테고요. 사랑은 이렇듯 우리 인간에게 에로스와 타나토스(죽음 충동)라는 이율배반적인 에너지를 동시에 발산시키는 만큼 사전에 그 사용법을 잘 익혀둘 필요가 있을 것 같습니다.

그렇다면 우리가 지금 얘기하고 있는 치유의 효과를 극대화 시킬 수 있는 구체적인 방법은 무엇일까요. 저는 이쯤에서 '희망'의 원리를 말씀드리고 싶습니다. 삶이 우리에게 고통을 부과해 올 때 그 순간이 바로 희망을 노래해야 할 순간입니다. 고달픈 삶에 억눌려 죽음을 고민하는 이들에게, 그럼에도 불구하고 삶을 살아가라고 말해주기 위해서는 그들이 우리와 함께 살 수 있는 최소한의 조건을 마련해 주어야 할 것인데, 그 첫걸음이 바로 그들에 대한 공감적 이해입니다.

참고 자료

데이비드 로젠(이도희 역): 우울증 거듭나기, 학지사, 2009.
셸리 케이건(박세연 역): 죽음이란 무엇인가, 엘도라도, 2012.
알폰스 데켄(전성곤 역): 인문학으로서의 죽음교육, 인간사랑 2008.
에밀 뒤르켐(황보종우 역): 자살론, 청아출판사, 2008.
필립 아리에스(고선일 역): 죽음 앞의 인간, 새물결, 2004 .

7강

리더십보다 팔로워십(followership)이 먼저다

'감성 리더십', '통합 리더십', '소통 리더십' 등 현대사회는 가히 리더십 홍수의 시대라고 할 만합니다. 하지만 조직의 향방을 결정짓는 것이 과연 리더 혼자만의 몫일까요? 오늘날 기업체에서는 리더십보다 팔로워십을 갖춘 인재를 더 선호하는 추세입니다. 과거에는 효과적으로 조직을 운영하기 위해 강력한 리더십을 이상적인 것으로 여겼습니다. 천재성이나 카리스마를 갖춘 리더를 열망했었죠. 하지만 지금은 뛰어난 한 개인의 역량보다는 구성원 간의 팀워크나 상호 소통성이 핵심적인 키워드로 떠오르고 있습니다. 집단지성이나 집단창의성이 주목받는 시대에 영웅호걸식 리더십이나 독불장군식 리더십으로는 한계가 있다는 사실을 깨달았기 때문이겠죠. 독불장군은 원래 '혼자서는 결코 장군이 될 수 없다'는 의미입니다. 당연한 얘기지만 따르고 받들어 주는 군사들이 없다면 장군 노릇을 하는 건 애당초 불가능한 일이겠지요.

국가나 조직의 위기는 곧 리더와 리더십의 위기와 직결됩니다. IMF 외환위기는 '조직이 개인을 지켜준다는 신화'가 무참히 깨져버린 시기이기도 합니다. 당시 정리해고 등을 겪은 직장인들은 그간 따르고 받들었던 리더와 조직에 대한 충성심을 버리기 시작했습니다. 팔로워 없는 영웅시대가 종말을 맞게 된 셈입니다. 조직 전체가 걸린 문제는 조직 전체가 결정해야 한다는 값진 교훈을 얻은 시기였습니다. 우리가 알고 있는 위대한 리더들의 면면을 살펴보면, 사실 그들 대부분은 리더보다 팔로워로 살아온 기간이 더 길었습니다.

이번 강의는 오늘날과 같은 '영웅 과잉시대'에 필요한 팔로워(십)의 역할과 가치를 살펴봄으로써 우리 시대 청춘들이 갖추어야 할 조직 마인드와 협업정신에 대해 성찰할 수 있는 시간이 될 것입니다. 오늘날과 같은 리더십 과잉의 시대에 야기되는 문제점을 짚어보고 앞으로 지향해야 할 리더와 구성원 간의 이상적인 관계에 대해 조망해볼 것입니다.

현대사회는 '리더'와 '리더십'이라는 말이 가히 인플레이션화된 시대입니다. 정치권이나 기업에서는 물론이고 학교나 가정에서도 온통 리더가 되기를 주문합니다. 여러분은 리더란 말을 들으면 어떤 단어들이 연상되나요? 선구자, 모험가, 창조자, 천재, 전문가 등등 남달리 뛰어나고, 타고난 능력을 갖춘 사람들이 자연스레 떠오르죠. 그러니 수많은 책들이 리더십을 이야기하지만 평범한 우리들로서는 왠지 거리가 멀게 느껴지는 것도 어쩌면 당연한 일일지도 모르겠습니다. 그렇다면 리더십은 또 하나의 희망고문으로 작용하는 걸까요?

오늘날 우리 사회의 많은 문제들은 사실 리더십의 문제라고 말할 수 있을 것입니다. 더 정확히 말하면 팔로워의 의견을 무시한 리더의 문제라 할 수 있습니다. 최근 한국사회의 최대 화두가 되고 있는 '적폐청산'도 알고 보면 팔로워들을 외면한 리더들에게 되돌아온 날카로운 부메랑일지도 모릅니다. 이들의 리더십은 왜 실패하게 된 걸까요? 리더십에 대한 잘못된 고정관념이 스스로의 족쇄가 된 게 아닐까요? 과거의 리더들은 지식과 정보와 권력을 독점할 수 있었기에 팔로워들보다 절대적으로 유리한 위치에서 수직적 리더십을 발휘할 수 있었을 테죠. 하지만 지금은 사정이 달라졌습니다. 지식과 정보가 수평적으로 공유되는 사회에서 리더들은 과거와 같은 일방적인 권력을 행사할 수 없게 되었습니다. 집단지성의 가치가 보편화되면서 리더라는 한 개인의 능력보다는 집단구성원 간의 소통과 협업정신이 더 중요한 요소로 인식되기 시작했기 때문입니다. '지능지수보다 대인관계 지능이 더 중요하다'는 하버드대 하워드 가드너 교수의 말도 이와 같은 맥락에서 이해할 수 있겠죠. '임파워링(empowering) 리더십'이란 용어가 있습니다. 팔로워들과 권한을 공유함으로써 조직의 생명력과 생동감을 극대화시키는 리더십을 의미합니다. 팔로워들과 끈끈한 신뢰 관계를 형성함으로써 팔로워들의 목표성취능력을 키워주는 매우 이상적인 리더십이죠.

리더십은 속성상 구심력을 강화하고 원심력을 제어하려는 경향이 있습니다. 구심력은 중앙집중식 권력에 대한 은유이고, 원심력은 팔로워들의 다양한 목소리에 대한 은유입니다. 팔로워십을 약화시킬 때 조직의 생명인 '균형'은 깨지고 말 것입니다. 리더와 팔로워를 '양'과 '양치기'의 관계로 따져보는 것도 흥미롭겠군요. 팔로워를 '양'이라 가정할 때 양을 대하는 이상적인 리더십이란 어떤 걸까요? 과거라면 앞에 서서 '나를 따르라' 외치는 인도형 리더와 뒤에서 몰아가는 관리형 리더가 일반적이었겠죠. 하지만 이제는 아닙니다. 양들의 곁에 서서 보폭을 맞추는 참여형 리더, 더 나아가 스스로 양이 되는 역지사지형 리더가 되어야 할 것입니다. 이쯤 되면 리더에 대한 정의도 바뀌어야 하지 않을까요? 리더는 타고나는 것이 아니라 길러지는 것이라고 말입니다. 타고난 지능이나 성격보다는 팔로워들과의 의미 있는 경험이, 독백보다는 대화가, 배제보다는 배려가 리더십을 길러내는 자양분이 아닐까 하는 생각이 듭니다.

팔로워는 파트너이다

리더의 부족한 부분을 채워 조직 혹은 집단 공동의 목표를 달성할 수 있도록 돕는 것이 팔로워십의 핵심입니다. 팔로워가 더 이상 리더의 일방적인 추종자가 아니라 파트너라는 얘깁니다.

세계적인 지휘자 레너드 번스타인의 일화는 훌륭한 파트너로서 팔로워의 역할이 얼마나 중요한지를 여실히 보여줍니다. 번스타인의 협연 공연이 끝난 뒤 많은 평론가와 음악 전문지 기자들과의 간담회가 열렸습니다. 한 기자가 번스타인에게 물었습니다. "번스타인 씨, 오케스트라의 수많은 악기 중에 가장 다루기 어려운 악기가 무엇입니까?" 그러자 청중들은 제 나름대로의 의견을 말하느라 웅성거렸습니다. 하지만 번스타인의 입에서 나온 대답은 의외였습니다. "그것은 제2 바이올린입니다. 제1 바이올린을 연주하는 사람은 많습니다. 그러나 그와 함께 화음을 이루는 제2 바이올린을 연주하는 사람은 많지 않습니다." 그렇습니다. 이것이 팔로워의 힘이자 존재감입니다. 제2 바이올린은 제1 바이올린의 파트너이자 오케스트라 전체를 위한 팔로워입니다. 만약 아무도 제2 연주자가 되기를 원치 않는다면, 그래서 제1 연주자의 음에 화음을 입혀주지 못한다면, 제아무리 탁월한 지휘자라 한들 청중들에게 아름다운 음악을 선사하기란 불가능한 일일 겁니다. 이처럼 팔로워는 비록 그림자 같은 존재일지라도 조직이나 집단의 공동 목표나 성과를 위해 없어서는 안 될 작은 영웅들입니다.

번스타인의 일화처럼 이제는 한 조직의 경쟁력을 얘기할 때 강력한 리더십보다는 파트너십과 팔로워십이 보다 중요한 요소로 떠오르고 있습니다. 이에 따라 수직적이었던 조직문화도 점차 수평적이고 유연한 방식으로 바뀌고 있는 추세입니다. 이는 리더와 팔로워의 관계가 더 이상 상사와 부하가 아니라 파트너의 관계라는 점을 시사합니다. '나를 따르라'식 조직문화 대신 권한을 나누고 리더를 보완하는 시스템이 정착되고 있는 것입니다. 아울러 좋은 리더십의 정의도 강력한 지배력이 아니라 팔로잉을 이끌어내는 능력을 포함하게 되었습니다.

세종과 집현전 학사들의 관계를 예로 들어 볼까요. 군신(君臣)의 법도가 엄격했던 시기에도 이들은 주종관계가 아닌 파트너십을 기반으로 긍정적인 상호작용을 한 끝에 한글 창제라는 전대미문의 업적을 일궈내게 되었죠. 그런가 하면 빌 게이츠가 마이크로 소프트의 비전을 실천하는 데에는 관련 사업을 진두지휘했던 운영 파트너 스티브 발머가 있었고, 강력한 국가의 기반을 구축한 태종 이방원에게는 하륜이라는 파트너가 있었습니다.

우리가 알고 있는 위대한 리더들의 면면을 살펴보면, 사실 그들 대부분은 리더로 살아간 기간보다 팔로워로 살아온 기간이 더 길었습니다. 여러분들이 좋아하는 TV 인기프로그램 〈무한도전〉만 보더라도 유재석이라는 인물은 본격적인 리더가 되기 전에 오랜 기간의 무명시절, 즉 팔로워 시절을 거쳤습니다. 〈무한도전〉이 국민들의 사랑을 받는 장수 프로그램으로 자리매김하게 된 것은 유재석이라는 리더와 나머지 5명의 탁월한 팔로워들이 있었기 때문이겠죠. 일찍이 아리스토텔레스는 "남을 따르는 법을 알지 못하는 자는 좋은 지도자가 될 수 없다"고 했습니다. 진정한 리더가 되려면 우선 건전한 팔로워십을 배워야 할 것입니다. 결국 리더십의 출발점은 다름 아닌 팔로워십입니다. 역사책 등에서 인물들의 위대함을 찬양하며 부각시키는 대부분도 사실은 리더십이 아니라 팔로워십인 경우가 많습니다. 삼국지의 제갈공명을 떠올려보면 이해가 쉬울 겁니다. 삼국지를 읽지 않은 사람에게도 유비와 제갈공명의 만남 이야기는 익숙하죠. '삼고초려'가 워낙 유명하기 때문이겠죠.

만일 유비가 스스로를 리더로 생각해 자신의 자존심을 조금만 더 세웠더라도 이들의 만남은 계속 이어질 수 없었을 것입니다.

물고기의 머리가 리더라면, 지느러미와 꼬리는 팔로워이다

리더십의 일부로 다뤄왔던 팔로워십이 리더십을 떠나 독자적인 개념으로 주목받기 시작한 것은 1992년 카네기 멜론 대학의 로버트 켈리 교수의 연구 덕분입니다. 그는 "조직의 성공에 리더의 기여도는 20%, 나머지 80%는 팔로워들에 의해 이루어진다."라는 말로 '팔로워십'을 우리에게 각인시켰습니다. 여러분 혹시 2002월드컵을 기억하나요? 당시 4강의 신화를 일궈낼 수 있었던 것은 히딩크라는 리더도 큰 역할을 했지만, 홍명보, 박지성, 이을용 등의 훌륭한 팔로워들이 호흡을 맞추었기 때문에 가능했습니다. 몇 차례에 걸쳐 세계선수권을 차지했던 뉴질랜드 요트팀의 주장은 한 인터뷰에서 다음과 같이 말한 적이 있습니다. "우리 팀의 주장은 3명입니다. 물론 직책상 주장은 제가 맡고 있지만 항해하는 순간순간 배가 가장 좋은 항로를 찾아 가장 빠른 뱃길로 나아가기 위해서는 각 파트를 맡고 있는 팀원이 각자 자신의 위치에서만큼은 자신이 선장이요, 주장이라는 생각으로 판단을 해줘야 하기 때문입니다. 오늘도 우리 팀은 3명의 주장이 잘해줬기에 승리할 수 있었습니다." 항해 중인 요트에서 배의 항로를 결정하는 것은 선장의 몫이지만 선장이 항로를 결정하는 데에는 리더의 개인적인 역량보다는 선원들의 체력 · 정신력 · 숙련도 · 선원 사이의 협조체계 등 선원들의 개인적인 요소가 더 많은 영향을 끼치게 된다는 점을 강조한 것입니다. 물고기를 예로 들자면, 머리는 리더에, 몸통과 꼬리와 지느러미는 팔로워에 해당될 것입니다. 거센 물살을 헤치고 나아갈 때 꼬리와 지느러미가 제 역할을 해주지 않는다면, 물고기는 중심과 균형을 잃게 되어 목적지에 도착할 수도 없을 것입니다.

켈리 교수는 이상적인 팔로워의 특성으로 다음과 같은 네 가지를 제시합니다. 첫째, 스스로의 생각과 감정과 행동을 효과적으로 통제하며 조절할 수 있는 능력입니다. 둘째, 조직의 미션과 비전을 추구하는 데 적극적 · 능동적으로 참여하는 참여 정신입니다. 셋째, 자신의 역량을 개발하기 위해 최선을 다하는 자세입니다. 끝으로 도전적이고 솔직하며 신뢰를 중시여기는 삶의 철학입니다. 이를 기반으로 한 팔로워십 훈련프로그램에서는 주도적이며 비판적 사고 개발하기, 자기관리능력 높이기, 현명하게 갈등상황 해결하기, 조직 내의 신뢰도 높이기, 리더와 팔로워의 역할경계를 유연하게 넘나들기와 같은 주제를 다룹니다.

이에 더해 내가 개인적으로 강조하고 싶은 덕목도 있습니다. 첫째, 냉철한 자기 분석과 상황 파악 능력입니다. 둘째, 역지사지의 자세입니다. 셋째, 맹신이 아니라 비판 정신입니다. 넷째, 합리적인 대안 제시입니다. 이 네 가지를 다 충족시키는 바람직한 팔로워십의 모델케이스로 촛불집회를 들고 싶습니다. 촛불광장은 헌신, 일관성, 몰입, 용기, 적극적 의견 표출, 대안 제시 등 진정한 팔로워들이 갖추어야 할 덕목과 행위들을 완벽하게 보여준 경우가 아닐까 생각합니다. 촛불광장의 팔로워들은 자발적인 동참과 헌신을 통해 집단의 존재감을 드러냈고, 일관된 행동과 용기로 합리적인 대안을 적극적으로 제시했기 때문입니다. 팔로워들이 문제의식을 적극적으로 공유하는 순간 팔로워십은 단순히 팔로워십에 그치지 않고 집단 리더십으로 거듭날 수 있음을 촛불광장은 증명해 보인 셈입니다.

촛불은 자신의 몸을 불태워 주위를 밝게 비춘다는 점에서 희생과 헌신을, 혼자일 땐 약한 바람에도 꺼질지언정 여럿이 모이면 그 무엇보다 강력한 에너지가 된다는 점에서 협업과 결집을 상징합니다. 촛불집회 광장은 팔로워들이 일으켜 세운 거대한 학교라고 할 수 있을 것입니다. 교장 선생도 학생도 따로 구분되어 있지 않은 수평의 공간이기 때문입니다. 촛불집회는 우리 시대의 수많은 난쟁이들이 아래로부터 차곡차곡 쌓아 올린 거대한 꿈이자 열망이었습니다. 촛불이 사람들을 광장으로 불러들일 수 있었던 것은 이른바 '공유지식'이 있었기 때문입니다. 공유지식이란 한 집단 내의 구성원이라면 누구나 알고 있으리라 믿는 정보를 말합니다. 촛불집회의 당위성에 대해 자신이 알고 있다는 사실을 다른 사람이 알고 있어야 하며, 그 외의 사람들도 그럴 것이라는 확신이 있어야 비로소 공유지식이 될 수 있습니다. 공유지식의 파이가 커질수록 당연히 연대의식도 강화되겠죠.

촛불집회는 한 사회 시스템의 작동원리를 상식과 순리에 맞게 바꾸어 놓았습니다. '따로 홀로'의 일상을 '같이의 가치'로 끌어안으면서 밀실 속에 머물던 개인에게 축제의 광장을 선사했습니다. 서로 소통(communication)한다는 것은 함께 공동체(community)를 형성할 수 있다는 뜻입니다. 그렇게 촛불은 성숙한 시민 공동체 탄생을 축하하는 매개체로 거듭났습니다.

하버마스라는 독일의 유명한 학자는 〈의사소통 행위 이론〉과 〈공론장의 구조변동〉이라는 책을 통해 이런 주장을 했습니다. 민주주의 사회의 건강성은 구성원들 간의 수평적 의사소통을 전제로 유지될 수 있으며, 특히 공적인 논쟁, 공적인 만남, 공적인 조직 등 공공성에 기여할 수 있는 수많은 실천들이 자유롭게 펼쳐질 수 있을 때 비로소 기대할 수 있는 것이라고 말입니다. 대단하지 않나요? 한국의 촛불집회를 한 번도 본 적이 없음에도 촛불광장의 역사적 당위를 미리 내다 본듯한 견해를 펼쳤다는 점에서 말입니다. 촛불광장은 팔로워들의 의견을 함께 생산하고 소비하고 표현한 공적 공간이었습니다. 촛불집회는 그 자체로 팔로워십의 핵심 가치인 용기이자 표현이자 대안 제시였습니다. 촛불은 기존의 사회를 구성하는 원리, 인식판단의 기준, 가치와 원칙 등을 바꾸어 놓았습니다. 집단지성에 의한 의사결정이었기에 억압적이지 않은 소통적 힘을 탄생시킬 수 있었습니다. 촛불광장의 팔로워들은 스스로를 주체로 내세우면서 "투표할 때만 주인이 되고 선거가 끝나면 다시 노예로 돌아가야 한다."는 장 자크 루소의 쓰라린 명제를 무색하게 만들었습니다.

잘못된 팔로워십의 경우

팔로워가 조직과 일 자체에 초점을 맞추기보다, 리더의 반응에 초점을 맞추는 순간 위상은 바뀔 수밖에 없습니다. 파트너에서 부하로 말이죠. 무엇보다 팔로워에게 용기와 비판 정신이 필요한 것은 리더가 중대한 실수를 할 때나, 편단 착오를 일으켰을 때 위험을 감수하고 소신껏 발언할 수 있어야 하기 때문입니다. "당신 편이기에 당신에게 맞서는 겁니다."라고 말할 수 있어야 합니다. 이는 물론 쉽지 않은 일이긴 하지만 그것이 결국엔 조직과 리더에게 도움이 되는 길입니다.

팔로워들이 리더의 부정부패와 독선에 침묵할 때 어떤 끔찍한 일이 벌어지는지 역사가 잘 증언해주고 있습니다. 2차 세계대전 당시 600만 명의 유대인이 학살된 사건에 대해서는 잘 알고 있을 겁니다. 그 야만적인 홀로코스트는 히틀러라는 리더가 직접 지시한 것도 있지만 그보다는 '자발적 집행자'들이 과잉 충성을 했기에 가능한 일이었습니다. 히틀

러에게 충실했던 팔로워들의 사례에서 알 수 있듯이 나쁜 팔로워는 나쁜 리더의 자양분입니다. 이들은 이른바 '악의 평범성'을 지닌 팔로워들이었기 때문이죠. '악의 평범성'이라는 말은 독일의 철학자 한나 아렌트가 자신의 저서 〈예루살렘의 아이히만〉에서 제시한 용어입니다. 한나 아렌트는 유대인 출신이었기 때문에 나치에 의해 저질러진 '홀로코스트' 문제에 큰 관심을 가지고 있던 인물이었죠. 그러던 참에 1960년 이스라엘의 첩보기관 모사드가 나치 전범 아돌프 아이히만을 아르헨티나에서 체포하게 됩니다. 예루살렘으로 압송된 아이히만은 기소되어 1961년 4월 11일 공개재판을 받게 되었는데, 한나 아렌트는 이를 지켜보면서 아이히만에 대한 평론을 통해 '악의 평범성'이란 개념을 세상에 내놓게 됩니다. 이 책이 충격적인 이유는 수많은 학살을 자행한 아이히만이 아주 사악하고 악마적인 인물일 거라는 생각과는 달리 매우 평범해 보였다는 사실 때문입니다. 심지어 매우 친절하고 선량하기까지 했다는 것입니다. 그런 사람이 어떻게 그 엄청난 학살을 자행할 수 있었을까? 이러한 의문을 풀기 위해 도출해 낸 논리가 바로 '악의 평범성'개념입니다. 이 개념은 모든 사람들이 당연하게 여기고 평범하게 행하는 일이 악이 될 수 있다는 사실을 일깨워 주었습니다. 악(악행)이라고 하는 것이 딱히 어떤 악마적인 것(행위, 의도)에서 기원하는 게 아니라는 것이죠.

오늘날 학교폭력의 양상도 이와 크게 다르지 않을 거란 생각이 듭니다. 악마 같은 짓을 하는 학생들 중에는 아이히만처럼 집에서는 '평범하고 선량한' 아들이자 딸인 경우가 적지 않다는 것이죠. 그들의 부모가 "내 자식은 그럴 리 없습니다."라고 단언하는 데에는 바로 '악의 평범성'의 논리가 작동하고 있기 때문입니다. 그뿐만 아니라 이들에게는 내게는 자연스러운 행동이 다른 사람에게는 치명적일 수 있다는 사실을 인지하지 못하는 일종의 '죄의식 불감증' 같은 것이 존재할 수도 있겠죠.

이와 같은 악의 현대화는 우리 안의 무의식적이고 이율배반적인 행동들에서 비롯되는 악의 내재성을 함축합니다. 그에 반해 오스카 쉰들러 같은 인물은 제대로 된 팔로워라 할 수 있겠죠. 자신의 신념과 정의에 따라 수많은 유대인들을 구해냈으니까요. 역사를 통해서도 현재의 시간 속에도 나쁜 리더는 나쁜 팔로워를 통해서 성장한다는 사실 기억하기 바랍니다.

참고 자료

바버라 켈러먼(김충선, 이동욱, 이상호 역): 팔로워십, 더난출판사, 2011.
바버라 켈러먼(이진원 역): 리더십의 종말, 씨앤아이북스, 2012.
신인철: 팔로워십, 리더를 만드는 힘, 한스미디어, 2007.
하워드 가드너, 문용린 (문용린 역): 다중지능, 웅진지식하우스, 2007.
한나 아렌트(김선욱 역): 예루살렘의 아이히만, 한길사, 2006.

8강

몸의 다이어트에서 마음의 다이어트로

아주 오래전 내가 독일에서 공부할 당시 한 철학 교수로부터 '생각 다이어트(Gedanken-Diät)'라는 용어를 들은 적이 있습니다. 사람들에게 불안과 고뇌를 안겨주는 것은 '부족한 생각'에서가 아니라 '넘치는 생각' 때문이라는 것이었습니다. 처음 그 말을 들었을 땐 매우 충격적이었습니다. 몸의 다이어트에 앞서 먼저 생각의 다이어트를 해야 한다는 독일 교수의 주장은 수십 년에 걸쳐 생각의 폭을 넓히고, 사고의 영역을 확장하라는 식의 교육을 받아온 나로서는 쉽게 동의할 수 없는 것이었습니다. 공부를 마치고 한국으로 돌아온 후에도 생각 다이어트는 한동안 내게 큰 화두로 남아있었습니다. 그러던 차에 문득 '생각'을 '마음'으로 치환해보면 어떨까 하는 생각이 들었습니다. 몸의 다이어트와 쌍을 이루기에도 생각의 다이어트보다는 마음의 다이어트가 더 잘 어울릴 듯했습니다. 하지만 마음의 다이어트라는 용어는 나만의 고유브랜드가 아님을 천영환 선생님의 〈논과 밭〉이라는 탁월한 시를 통해 알게 되었습니다.

시의 핵심 내용은 이렇습니다. "사람들은 논에 물이 가득 차 있으면 벼가 잘 자라는 줄 압니다. 하지만 논에 물이 가득 차 있으면 벼가 부실해져서 작은 태풍에도 잘 넘어집니다. 그래서 가끔씩은 물을 빼고 논바

닥을 말려야 벼가 튼튼해집니다. 우리 삶의 그릇에도 물을 채워야 할 때가 있고 물을 비워야 할 때가 있습니다. 인생은 흘러가는 것이 아니라 채우고 비우는 과정의 연속입니다. 오늘 무엇을 채우고 또 비우시겠습니까? 마음에도 저울이 있습니다. 가끔씩 가리키는 무게를 체크해 보아야 합니다. 열정이 무거워져 욕심을 가리키는지, 사랑이 무거워져 집착을 가리키는지, 자신감이 무거워져 자만을 가리키는지, 여유로움이 무거워져 게으름을 가리키는지, 자기 위안이 무거워져 변명을 가리키는지, 슬픔이 무거워져 우울을 가리키는지, 주관이 무거워져 독선을 가리키는지, 마음이 조금 무겁다고 느낄 땐, 저울을 한 번 들여다보세요! 마음에도 다이어트가 필요합니다."

어떤가요? 마음의 다이어트란 말에 대해 감이 좀 잡히나요? 덧셈중독 사회에 살고 있는 우리 현대인들에게 하루빨리 뺄셈의 삶을 체득해 가라는 메시지가 읽히나요? 흔히 사진은 덧셈이 아닌 뺄셈의 예술이라는 말을 합니다. 이 말엔 강조하고자 하는 사진 속의 특정 주제 부분을 살리기 위해 불필요한 요소들을 제거하라는 메시지가 담겨있습니다. 프레임 안에 들어오는 것 중에서 무엇을 뺄 것인가를 먼저 고민하라는 것이죠.

마음도 마찬가지라는 생각이 듭니다. 우리 안의 수많은 고정관념, 분노와 원망, 이기심과 욕심 등은 군살 빼듯이 과감히 빼버려야 하는 것이 아닐까요. 사실 선택이라는 것도 무언가를 얻는 행위인 것 같지만 알고 보면 그것이 아닌 모든 것들을 버리게 되는 뺄셈의 행위입니다. 여러분에게 질문 몇 가지를 해보겠습니다. 지금 여러분이 가장 빼고 싶은 마음의 군살은 무엇인가요? 건강한 삶을 위해 '어떤 마음을 먹고' 싶습니까?

마음을 하나의 거대한 정원이라 상상해 보았습니다. 그 안에는 정성껏 가꾸고 보살펴야 하는 생각도 있을 테고, 과감히 뽑아내야 할 잡초 같은 생각도 있을 것입니다. 이 생각 정원은 제대로 관리하지 않으면 금세 황폐화될 것입니다. 마음의 사막화를 막기 위해서는 내 머릿속을 채우는 모든 생각들이 내 것이라 착각하지 말아야 할 것입니다. 하루에도 수없이 많은 생각들이 떠오르고 사라집니다. 아마도 그중 대부분은 내 안의 텃밭에서 길러낸 생각이라기보다는 타인의 목소리가 담긴 경우가 더 많을 겁니다. 따라서 스스로에게 '이 생각의 주인은 나인가, 아니면 타인의 주문일 뿐인가?'하고 질문하는 습관이 필요합니다. 여러분도 잘 알고 있듯이, 데카르트의 '나는 생각한다, 고로 존재한다.'는 말에서 '생각한다'는 곧 '의심한다'라는 의미입니다. 아무리 내 마음속에 자리 잡은 생각일지라도 그 출처에 대해 항상 자기검열을 해야 한다는 얘깁니다. 출처가 불분명한 정보는 외면하듯이, 출처가 의심되는 생각은 그저 그대로 내버려 두는 것, 이것이 마음의 정원을 가꾸는 첫걸음입니다.

여러분 감옥과 수도원의 공통점과 차이점이 뭐라고 생각하나요? 감옥과 수도원은 모두 고립된 공간이라는 공통점이 있습니다. 하지만 이 둘 간의 결정적인 차이는 단지 불평하느냐, 감사하느냐는 차이일 뿐입니다. 수감된 죄수가 수도자와 같은 감사의 마음을 가질 때 감옥은 수도원으로 승화될 것이고, 반면에 수도자가 불평의 마음을 가질 때 수도원은 감옥으로 전락할 것입니다. 같은 고립이라도 감사하며 사는 사람에게는 자립의 환경이 되는 것이지요.

'모든 사건과 상황은 중립이다.'라는 말이 있습니다. 어떤 사건이 일어났느냐가 아니라 그 사건을 어떻게 대하느냐가 더 중요하다는 의미입니다. 불행한 사람들은 대개 자신을 주변 환경의 희생양으로 느낍니다. '머피의 법칙'과 '샐리의 법칙'도 마찬가지입니다. 각각 자신이 겪었던 부정적 경험과 긍정적 경험을 의미합니다. 샐리의 법칙은 좋은 암시를 하면 좋은 일만 일어난다는 잠재의식의 법칙이기도 합니다. 이 두 법칙은 순전히 우연히 일어나는 것 같지만 사실은 각자의 마음가짐에서 비롯된 것입니다. 다시 말하지만 외부의 사건은 직접적으로 우리의 태도를 규정하지 않습니다. 오히려 그 반대이지요. 삶에서 즐거움을 느끼려면 현실을 바꾸는 것이 아니라 현실을 바라보는 내 마음을 즐겁게 바꾸는 것이 먼저여야 하지 않을까요? 삶을 비극에서 희극으로 바꾸려면 마음속 대본을 먼저 부정의 이야기에서 긍정의 이야기로 바꾸어야 할 것입니다.

마음이나 성향을 바꾼다는 것은 생각하기에 따라서 쉬울 수도 어려울 수도 있습니다. 성격이나 성향을 변화시킨다는 건 기존의 성격을 아예 버리는 것이 아니라 현재 성격에 새로운 성향을 추가하는 것이라 생각합니다. 내성적인 성격을 외향적으로 바꾼다는 건 원래의 내성적인 성격을 유지하되 그 바탕 위에 외향적인 요소를 가미하는 것이라는 의미입니다. 사실 사람들의 성향이라는 것이 별반 차이가 없다는 게 내 개인적인 생각입니다. 외향적, 내향적, 활동적, 주도적 등과 같은 분류도 알고 보면 내향과 외향의 상대적 조합에 따라 생겨난 것일 뿐 절대적인 것이라 생각하진 않습니다. 그간 스스로 자각하지 못해서 활용하지 못했던 성향들을 깨워서 단련시키고 확장시켜나간다면 언제든 그 토양을 바꿔놓을 수 있는 게 마음의 정원이 아닐까 싶습니다.

수업을 하다 보면 발표의 두려움을 호소해오는 학생들이 적지 않습니다. 그럴 때마다 나는 이런 식으로 조언합니다. "누구나 다른 사람들에게 자기 생각을 온전히 표현하기란 쉽지 않은 일입니다. 대학 선생인 나조차도 말입니다. 학생의 경우 타고난 성격 때문일 수도 있겠지만, 자존감과 자신감의 문제가 더 크게 작용하리라 생각합니다. 자존감이 낮아지면 타인과의 대화에서도 소극적이 될 수밖에 없겠죠. 이 경우 '마인드컨트롤'을 하는 게 중요합니다. 대화 상대 혹은 청중을 내 말의 '비판자'가 아니라 적극적인 '수용자'로 여기는 마음의 훈련을 해보세요. 내 말을 듣고 있는 사람이 '나이 어린 조카'나 '친한 후배'라고 상상하는 거죠. 그런 상대들 앞에선 말하기를 두려워할 필요는 없을 테니까요. 한 가지 덧붙이자면, 실수를 두려워하지 말아야 한다는 것입니다. 누구나 실수를 하기 마련입니다. 다만 실수를 줄일 수는 있겠죠. 방법은 바로 사전 연습입니다. 스티브 잡스는 30분의 프레젠테이션을 위해 무려 30시간을 리허설에 투자했다고 하더군요. 그러니 자신의 능력을 너무 과소평가하지 말고, 발표를 앞두고 있다면 몇 차례고 사전 연습을 하는 습관을 들이도록 하는 것이 좋겠습니다." 그렇습니다. 청중을 바꿀 수 없다면 내 마음을 바꾸어야 합니다. 나를 노려보는 자에서 바라봐주는 자로 말입니다.

마음에도 내시경이 필요하다

몸과 마음의 다이어트란 지금의 내 몸과 마음을 버리고 다른 몸과 마음을 얻기 위해서 하는 것이 아닙니다. 내 몸과 마음이 갖고 있는 본래의 아름다움을 되찾기 위한 것이지요. 마음의 다이어트를 시작하려면 지금의 내 마음에 대해 정확한 진단이 내려져야 합니다. 그러므로 인간의 마음에도 내시경이 필요합니다. 마음에 덕지덕지 붙어있는 군살과 병든 감정들을 들여다보기 위해서입니다. 불만과 불평, 좌절과 실망, 미움과 증오, 상실과 우울, 배신과 분노, 공포와 두려움 등 마음 곳곳을 채우고 있는 감정의 지방 덩어리들은 정신건강을 위협하는 주범입니다.

우리는 비만을 부추기는 소비지상주의 사회를 살아갑니다. 적게 먹으면 소비경제가 위축될 거라는 속셈에서 온갖 수단을 동원해 '과식'

을 부추겨 놓고, 각종 다이어트 제품을 사도록 유혹합니다. 마음의 비만도 이와 마찬가지입니다. 배고픔만 있는 것이 아니라 마음고픔도 있습니다. '마음먹다'라는 표현이 있듯이 마음도 무언가를 섭취해야 합니다. 우리 몸이 음식을 먹고 분해해서 에너지를 내는 것처럼 마음도 섭취하는 것이 있어야만 에너지를 만들어낼 수 있을 테니까요. 그렇다면 우리 마음은 무엇을 먹어야 할까요? 밝고 긍정적인 에너지를 최대한 많이 만들어내려면 우리 마음에도 좋은 영양소가 공급돼야 하겠죠. 여기서 강조하고 싶은 것은 몸과는 달리 생각 혹은 마음에는 편식이 필요할 것이라는 점입니다. 마음의 정원을 풍요롭고 풍성하게 가꾸기 위해서는 되도록 좋은 책과 좋은 풍경을 많이 보는 것도 중요하겠지만, 아예 멀리해야 하는 것도 많습니다. 무엇보다 자기를 혹사하고 착취하는 생각을 버려야 할 것입니다. 피로사회와 관련한 강의에서도 언급했듯이, 현대사회는 빠름과 서두름, 성과와 효율을 먹고 성장합니다. 그 과정에서 우리는 시간의 노예가 되며 결국엔 자신을 착취하는 가해자이자 동시에 피해자가 됩니다. 비유하자면 우리는 저마다 마음의 운전대를 잡고 시간이라는 자동차를 몰고 있습니다. 시간의 노예가 되느냐, 시간의 지배자가 되느냐에 따라 세상과의 접촉 사고율이 달라지겠죠.

시간에도 종류가 있습니다. 고대 그리스인들은 시간 개념을 두 가지로 구분했다 합니다. 양(量)으로서의 시간을 크로노스(Chronos)라 불렀고, 질(質)로서의 시간을 카이로스(Kairos)라고 불렀습니다. 크로노스가 누구에게나 공평하게 흐르는 객관적인 시간이라면, 카이로스는 자신의 운명을 바꾸고 삶의 방식을 바꾸어 놓을 수 있는 주관적인 시간입니다. 여러분들은 어떤 시간에 맞춰 살고 있나요? 시계나 달력으로 잴 수 있는 시간인가요, 아니면 여러분 마음으로만 잴 수 있는 시간인가요? 대부분의 사람들은 자신의 삶을 가꾸는 데 필요한 시간을 '일정(日程)'이라 불리는 외부의 리듬에 맞추어 살고 있을 겁니다. 하지만 진정한 시간관리란 곧 자기관리여야 할 것입니다. 시간을 오롯이 자신이 소중하게 생각하는 일에 투자할 때 비로소 행복이라는 자산이 불어나게 될 것입니다. 행복이라는 것은 더 빠른 자의 머리 위에 씌워지는 월계관이 아닙니다. 오히려 행복은 우리가 잊고 지냈던 시간 속에 묻혀있을지도 모릅니다. 그러므로 우리가 체크해야할 시간은 마음속의 심리적 시계여야 할 것입니다. 우리는 스스로를 늘 시간 강박에 시달리는 '시간 난민'으로 만들고 있는 건 아닌지 성찰해 볼 필요가 있습니다.

독일 작가 미하엘 엔데의 〈모모〉라는 책이 있습니다. 책에 등장하는 회색 신사들은 "인생에서 중요한 건 딱 한 가지야. 뭔가를 이루고, 뭔가 중요한 인물이 되고, 뭔가를 손에 쥐는 거지"라고 말하며 사람들을 시간의 노예로 만듭니다. 시간저축은행을 만들어놓고 사람들로 하여금 시간을 저당 잡힌 강박적인 삶을 살라고 부추깁니다. 이 작품은 물질적 풍요를 위해 진정한 기쁨도 모른 채 밤낮을 가리지 않고 일에만 매달리는 현대인의 슬픈 자화상을 보여줍니다. "만약 하루의 3분의 2 정도를 온전히 자신을 위해 사용할 수 없는 인간이라면, 그가 정치인이든 상인이든, 혹은 관리나 학자이든 그저 노예일 뿐이다"라고 한 니체의 말은 전적으로 옳았습니다. 시간의 노예로 살아가는 삶의 진원지이자 종착지는 다름 아닌 피로사회이고 과로사회일 것입니다.

앞서 4강에서 번아웃 증후군, 타임 푸어, 스프링벅 현상 등은 피로사회를 특징짓는 대표적인 현상들이라 규정했던 것 기억할 테죠. 탈진과 피로가 유령처럼 배회하는 사회는 피로사회를 넘어 위험사회를 초래합니다. 속도로 인해 자기배려의 기회가 박탈당하는 사회는 폭력적이고, 무위와 사색의 일상을 허용하지 않는 사회는 야만적입니다. 그런 사회라면 마음도 체할 수밖에 없습니다. 더 큰 목표, 더 빠른 성과를 종용하는 사회 분위기에서 마음이 폭식하게 되기 때문입니다. 이제는 마음의 다이어트를 위해 내 마음속 시간의 흐름을 늦추어야 할 때입니다.

그렇다면 속도를 줄인다는 건 뭘 의미하는 걸까요? '디지털 디톡스(digital detox)' 라는 말 들어봤나요? 디지털(digital)에 '독을 해소하다'라는 뜻의 디톡스(detox)가 결합된 말입니다. SNS와 같이 디지털의 감옥에 갇힌 현대인들의 심신을 치유해주자는 취지에서 생겨난 말이죠. 단식을 통해 몸에 축적된 독소나 노폐물을 빼듯이, 스마트기기 사용을 잠시 중단하고 명상, 독서 등을 통해 몸과 마음을 회복시키자는 의미를 담고 있습니다. 다시 말해 사색과 무위가 치유효과를 갖는다는 말입니다. 무위란 아무것도 안 하는 상태가 아니라 무슨 일이든 할 수 있도록 자유로운 상태를 의미합니다. 휴가를 의미하는 영어 단어 바캉스(vacance)는 '텅 비어 있다'는 뜻의 라틴어 바카디오(vacatio)에서 유래했습니다. 채움으로 지친 나를 비움으로 달래준다는 의미가 담겨있지요. 이처럼 사색과 무위는 삶의 에너지를 재충전하는 다분히 생산적인 행위입니다.

마음의 비만을 초래하는 또 하나의 주범은 소유욕입니다. 앞선 강의에서 소유지향적 삶은 타인의 시선에 결박당한 삶의 방식이라 말한 적이 있습니다. 소유욕이 과시욕망으로 발전해 갈 때 우리 마음속 괴물도 함께 자랄 가능성이 높습니다. 만족이라곤 모르는 그 폭식 괴물은 결국엔 우리를 희생양으로 요구하게 될 것입니다. 한번은 수업시간에 현대인들의 '소유욕'에 대해 비판적인 시각을 들려주던 중 한 학생으로부터 다음과 같은 질문을 받은 적이 있습니다. "현대인은 자신이 소유하고 있는 것을 통해 자신의 정체성이나 자신의 가치를 증명하는 데 익숙해져 있습니다. 그렇다면 소유욕은 오히려 긍정적인 것이 아닙니까?"라고 말이죠. 소유가 현대 산업 사회에서의 기본적 생존 양식인 건 분명합니다. 그렇다고 소유물이 한 인간의 정체성과 가치를 대변해주는 것이라 말할 수 있는 걸까요? 소유욕의 늪에 빠져 허덕이는 현대인들의 모습을 뻔히 보면서도 소유욕에 면죄부를 준다는 건 자기기만입니다. 물론 그 학생이 말한 대로, '소유하고자 하는 마음'이 무언가를 위한 '노력'의 계기가 될 수는 있을 것입니다. 다만 그 경우 '소유' 라는 단어 자리에 '성취'나 '실현'이라는 단어가 놓여야 하지 않을까 생각합니다. 이를테면 '나는 명품을 소유하고자 열심히 노력할 거야'라는 표현은 쓸 수 있는 말이긴 하지만 권장할 만한 '삶의 문법'엔 맞지 않겠죠. 특히나 젊은 청춘이라면 소유적 방식보다는 에리히 프롬이 말한 '존재적 방식'의 삶이 어울리지 않을까요? "소유의 프레임을 가진 사람은 좋은 가구를 소유하려 하지만, 존재의 프레임을 가진 사람은 가구와 함께 경험하게 될 새로운 세계를 기대한다." 에리히 프롬의 이 말은 마음의 다이어트를 위한 훌륭한 조언이 될 것입니다.

경제학의 대가 폴 새뮤얼슨은 '행복 = 소유/욕망'이라는 흥미로운 방정식을 만들어냈습니다. 분모인 욕망이 일정할 경우 분자인 소유가 커질수록 행복도가 높아지고, 소유가 일정하다면 욕망이 적을수록 행복해진다는 것이죠. 이 공식은 얼핏 보면 소유와 소비를 옹호하는 논리로 보이지만 사실은 그 반대입니다. 개인적으로 아무리 소유가 늘어도 욕망이 도를 지나쳐 탐욕이 되면 불행할 수밖에 없음을 말해주기 때문입니다. 그렇다면 우리가 추구해야 할 방향이 어떤 쪽인지 분명해집니다. 삶은 사는(buy) 것이 아니라 사는(live) 것이라는 것! 소유욕은 행복의 디딤돌이 되기보다는 걸림돌이 될 가능성이 더 높다는 사실, 진정한 부자는 많이 가진 자가 아니라 필요한 게 없는 자라는 사실을 꼭 기억하기 바랍니다. 안도현 시인은 〈연어〉라는 작품에서 인간을 두 종류로 구분합니다. 낚싯대를 가진 인간과 카메라를 가진 인간. 차이가 뭘까요? 낚싯대는 소유와 성과의 도구이지만 카메라는 존재를 있는 그대로의 모습으로 담아내는 배려의 도구가 아닐까요? 낚싯대에는 노려봄의 눈초리가 어울리지만, 카메라에는 바라봄의 눈길이 필요하리라 생각합니다.

마음의 근육을 키우자

다이어트를 한 번이라도 해 본 사람은 알겠지만, 우리 몸에서 지방이 단 1kg만 빠져도 날아갈 듯 가벼워짐을 느낍니다. 평소에는 잘 느끼지 못하던 불필요한 지방의 무게가 얼마나 과중하게 우리를 짓누르고 있었는지 비로소 알게 되는 것이죠. 몸만들기를 할 때처럼 마음의 다이어트에도 아령이나 역기를 드는 자세가 필요합니다. 몸의 근육뿐만 아니라 마음의 근육도 길러야 하니까요. 마음의 비만은 커다란 사건과 충격보다는 일상의 사소한 스트레스에서 오는 경우가 많습니다. 여러분들의 경우라면 발표나 과제 제출일이 임박했다거나, 학점이 기대치에 못 미치게 나왔을 때의 상황들처럼 말이죠. 물론 우리가 일상에서 스트레스의 요인을 아예 없앨 수는 없을 테죠. 하지만 적어도 스트레스를 무시할 수는 있을 겁니다. 방법은 쿨한 인정과 수용입니다. 우리가 느끼는 대부분의 스트레스는 과거의 기억과 미래의 걱정을 먹고 자라납니다. 이미 지나간 사건과 아직 일어나지 않은 사건들이 공모해서 현재의 내 감정에 생채기를 내는 것입니다.

많은 사람들이 자신의 몸을 돌보기 위해서 부단한 노력을 하고 있습니다. 그렇다면 과연 그 몸의 주인인 마음을 위해서도 같은 노력을 하고 있을까요? 소설가 박완서 씨는 노년에 이렇게 말한 적이 있습니다. "젊었을 적의 내 몸은 나하고 가장 친하고 만만한 벗이더니, 나이 들면서 차차 내 몸은 나에게 삐치기 시작했고, 늘그막의 내 몸은 내가 한평생 모시고 길들여온 나의 가장 무서운 상전이 되었다." 이 말 속엔 자신의 몸을 제대로 예우하지 못했음에 대한 자책과 후회가 묻어있습니다. 그런데 왠지 이 글의 '몸'을 '마음'으로 바꿔 읽고 싶군요. 마음의 비만을 방치한 대가는 이보다 더 혹독할지도 모릅니다. 마음의 다이어트를 위해서도 비만 치료의 가장 기본이 되는 '유산소 운동'을 꾸준히 해주어야 합니다. 자기배려와 자기존중이라는 유산소 운동을 말입니다.

많은 학생들이 불확실한 미래에 대한 두려움을 호소해오곤 합니다. 그때마다 두려움은 인생에 높은 동기부여를 해주는 정상적인 과정이라 말해주곤 했습니다. 대학 새내기로서 지금 겪고 있는 불안감과 두려움은 성장을 위한 자연스러운 과정일 것입니다. 20대에는 숱한 시행착오를 경험하기 마련이지만 그것이 곧 삶의 '오점'이나 '실패'를 의미하지는 않습니다. 괴테 선생의 말처럼, '인간은 노력하는 한 방황하기 마련' 이니까요. 그러니 두려워해야 할 것은 변화가 아니라 오히려 그 자리에 멈춰서 있게 되는 상황이겠죠.

영국의 여류작가 조지 엘리어트는 인간이 갇혀 사는 다섯 종류의 마음의 감옥에 대해 얘기한 적이 있습니다. 첫째 감옥은 '자기도취'의 감옥입니다. 이를테면 공주병이니 왕사병이니 하는 과잉 자아 혹은 자기중심적 사고의 감옥을 말합니다. 둘째 감옥은 '근심'의 감옥입니다. 사람들의 걱정거리 중 40% 정도는 실제로 일어나지 않는 것들이며, 걱정거리 중의 30%는 이미 과거에 있었던 일이라는 연구결과를 본 적이 있습니다. 사람들이 공연한 걱정을 그만큼 많이 한다는 것이겠죠. 셋째 감옥은 과거에 잡혀 사는 '향수'의 감옥입니다. 잘됐든 못됐든, 성공했든 실패했든 과거에 매여 현재와 미래를 그르치는 사람들의 감옥입니다. 넷째 감옥은 '선망'의 감옥입니다. 내 것보다 남의 것만 좋게 보려는 생각입니다. 내 떡의 소중함은 모르고 남의 떡만 크게 보려는 일종의 모방욕망을 말합니다. 다섯째 감옥은 '질투'의 감옥입니다. 남이 잘되는 것을 보면 괜히 배가 아프고 자꾸 헐뜯고 싶어지는 마음을 말합니다.

앞 강의에서 '로고테라피'를 살펴봤었죠. 로고테라피의 행동강령은 마음의 다이어트에도 큰 도움이 됩니다. 로고테라피는 인생을 마치 '두 번째로 살고 있는 것'처럼 살라고 조언합니다. 지금 당장 우리가 실행에 옮기려 하는 행동이 '첫 번째 인생에서 이미 한번 시행착오를 겪었던 행동'이라 생각하라고 주문합니다. 첫 번째 인생이 타인에 의해 강제된 선택이나 판단에 휘둘린, 후회스러운 삶이었음을 깨달은 사람들이라면 두 번 다시 그런 삶을 반복하고 싶지 않겠죠. 과거에 매우 심각한 고민을 안겨주었던 '사건'들도 시간이 지나고 나니 별것 아닌 '일상'으로 남았던 기억은 누구나 한 번쯤은 경험했을 것입니다. 상황이나 환경을 변화시킬 수 없다면 우리 자신을 변화시켜야 할 것입니다. 이것이 로고테라피의 핵심테제입니다.

마음의 다이어트는 '과거의 자아 죽이기'과정과 닮아있습니다. 내 안의 부정적인 정체성과 이미지를 상징적으로 파괴함으로써 긍정적인 자아로 재탄생되는 창조적 파괴의 과정을 선사해주기 때문입니다. 무분별한 개발 논리가 물리적 엔트로피(무질서)를 높이듯이, 부정적인 감정은 심리적 엔트로피를 상승시킵니다. 세상에 존재하는 모든 유용한 에너지는 시간이 지남에 따라 무용한 에너지로 바뀐다는 엔트로피 법칙처럼, 인간의 마음속에서도 부정적 감정이 긍정의 에너지마저 고갈시킬 수 있다는 의미입니다. 그러므로 우리는 과거의 나에 대한 애도 작업을 통해 심리적 회복탄력성을 획득함으로써 마음의 항체를 만들어가야 할 것입니다.

마음의 다이어트를 위해 언어생활의 다이어트를 시도해 보는 것도 좋은 방법입니다. 언어생활의 다이어트란 불필요한 말을 줄이는 것을 의미합니다. 타인에 대한 험담을 비롯해 비난과 비판의 언어라면 아끼고 조심하는 것이 좋겠죠. 말로 인해 갈등을 불러일으키고, 경우에 따라서는 악연으로 이어질 수 있는 사태를 미연에 방지하고 싶다면 말입니다. 박준 시인의 산문엔 다음과 같은 말이 나옵니다. "말은 사람의 입에서 태어났다가 사람의 귀에서 죽는다. 하지만 어떤 말들은 죽지 않고 사람의 마음속으로 들어가 살아남는다." 그렇습니다. 언어는 마음이 내는 소리라고 할 수 있습니다. 날카로운 소리는 상대에게 상처를 준 뒤 곧 다시 돌아와 내 마음속에 꽂히는 부메랑이 될 것입니다. 반면에 부드러운 언어는 상대의 마음과 나의 마음을 오가는 풍요로운 메아리가 될 수 있습니다. 메아리는 무언가로 가득 채워진 공간보다는 서로를 비운 공간에서 더 큰 반향을 일으키는 법입니다.

그러니 마음속 감정에도 스토리텔링이 필요합니다. 내 감정 하나하나에 이야기의 '심미성'을 부여해주는 겁니다. 심미성은 말 그대로 마음의 아름다움을 말합니다. 심미성은 따뜻한 감성을 바탕으로 한다는 점에서 차가운 논리를 앞세우는 이성과는 구별됩니다. 앞서 말한 마음의 정원을 건강하고 풍성하게 가꾸는 데 절대적으로 필요한 요소라 할 수 있지요. 내 마음속 해묵은 감정과 날 선 언어를 닦아내기 위해서는 심미성이라는 걸레질이 필요합니다. 걸레질을 하려면 무릎을 꿇고 허리와 머리를 깊이 숙여야 하듯이, 마음의 먼지를 닦아내려면 마음의 자세를 낮추어야 합니다. 이것이 마음과 언어의 비만을 줄이는 가장 손쉬운 방법이 될 것입니다.

마지막으로 마음의 다이어트를 하기 위한 가장 이상적인 방법으로 명상을 추천합니다. 명상을 의미하는 'meditation'은 치료약을 뜻하는 'medicine'과 어원이 같습니다. 명상이 다친 마음을 치유하는 데 탁월한 효과가 있다는 것은 누구나 아는 사실이겠죠. 문제는 자신에게 맞는 명상법과 시간적 여유일 겁니다. 그래서 내가 개인적으로 체험한 명상법을 토대로 이야기를 해볼까 합니다. 명상은 무엇보다 내 감정과 화해하고, 내 안의 시간을 포착하는 가장 효과적인 방법입니다. 명상을 통해 자신의 마음속을 관찰하다 보면 내 안의 감정이 끊임없이 일어나고 사라지는 것을 느끼게 됩니다. 명상은 그런 감정들의 놀이에 개입하지 않고 가만히 내버려 두는 마음 훈련으로 시작됩니다.

내게 명상법을 전수해준 한 노스님의 말씀에 따르면, 인간이 세상을 해석할 때 개념·판단·추리라는 세 가지 안경을 쓴다는군요. 그 세 가지는 다시 눈·코·입·혀·몸(손)·마음이라는 여섯 가지 도구를 통해 작동하고요. '명상(瞑想)'의 뜻풀이를 하면, 인간이 매일 이 여섯 가지 도구를 통해 세상을 영상으로 저장하고 바라본다는 의미입니다. 그런데 대부분의 제도권 교육은 마지막 '마음'을 제외한 다섯 가지만을 발달시키는데 주력하고 있다는 겁니다. 마음공부의 기회가 주어지지 않는 교육환경이니 마음의 사용법을 제대로 익힐 기회가 없어진 것이죠. 그렇다 보니 행복은 혼자 감당할 수 있지만, 불행은 혼자 감당하지 못하는 '마음 약자'들이 넘쳐나고 있는 게 현실입니다. 명상은 마음을 통해 나머지 다섯 가지 도구를 통제하게 해 줍니다. 중세 때 명상의 수단으로 해골을 책상에 올려놓는 관습도 알고 보면 이 다섯 가지 도구를 사용함에 있어서 신중을 기하라는 가르침을 담고 있는 게 아닐까요?

우리 안에는 심리학 용어로 '상처받은 내면 아이'라 불리는 존재가 자리 잡고 있습니다. 살아오는 과정에서 욕망이 억압되거나 무시 받을 때마다 상처를 받아온 내 안의 어린 '나'입니다. 이 내면의 아이는 스스로 성장을 멈추고 자신의 억압된 욕망을 충족시켜달라고 끊임없이 도움을 요청해 옵니다. 그것이 우리가 흔히 말하는 트라우마라는 것입니다. 그 목소리를 외면할 때 어떤 일이 벌어질까요? 내 안의 상처받은 영혼과 교감하고 화해하려는 노력이 멈추는 순간 우리 자신을 겨냥하는 다양한 방식의 부정적 에너지가 분출됩니다. 우울증과 무기력감은 물론이고 이른바 '묻지마 폭력'이나 자살과 같은 극단적인 자기 공격 현상으로 이어지기도 하지요.

노스님의 일러준 명상법은 비교적 간단합니다. '자비수관(慈悲手觀)'이라 해서, 자신과 사랑을 나누고 마음의 손으로 자신을 쓰다듬어 주는 것입니다. 이때 중요한 것은 자신을 가장 사랑해주는 사람의 손, 이를테면 부모님의 손을 마음의 손으로 상상하라는 점입니다. 그러면서 마음속의 항아리를 떠올립니다. 항아리 속을 가득 메운 상처 입은 감정들에 눈길을 줍니다. 그런 다음 항아리의 밑이 순식간에 빠지면서 응어리진 모든 감정들이 빠져나가는 상상을 하는 겁니다. 하루에 5분 정도씩 이 과정을 반복하다 보면 어느새 마음의 비만이 사라진 날렵한 마음을 갖게 될 것입니다.

참고 자료

김우창: 깊은 마음의 생태학, 김영사, 2014.
미하엘 엔데(한미희 역): 모모, 비룡소, 2017.
존 브래드쇼 (오제은 역): 상처받은 내면아이 치유, 학지사, 2004.

9강

사는 방식이 아니라 삶의 방식을 배워라

-성공이 아니라 성장의 가치를

완전함(Perfection)이 아니라 온전함(Wholeness)의 가치를 추구해야

인간은 살아가면서 늘 삶의 질과 가치를 고민하지 않을 수 없습니다. 어떤 삶이 좋은 삶이고 의미 있는 삶인지 끊임없이 질문하고 대답하는 과정이 삶의 여정입니다. 이 긴 여정에서 우리는 생존(survival)과 생활(live)이라는 갈림길의 이정표를 만나기도 합니다. 어떻게 살아갈 것인가 하는 실존의 문제 앞에서 현실과 이상이 각기 다른 방향에서 유혹의 손짓을 해오는 상황인 거죠. 통장을 채워가야 하는 일과 자아를 채워가야 하는 일 사이의 깊은 간극이 존재할 때 우리는 어떤 길을 선택해야 할까요?

자본주의 사회에서 일을 해야 하는 것이 생존에 대한 최소한의 예의라면, 자아를 돌보는 일은 삶을 위한 소중한 권리라고 할 수 있습니다. 하나는 타인으로부터의 인정투쟁과 관련되어 있고, 다른 하나는 자기 인정과 관련되어 있습니다. 나를 인정해주는 주체가 다른 셈이죠. 생존은 성공이라는 언어에 포박되어 있지만, 생활은 성장이라는 언어를 풀어놓습니다. 성공은 그 잣대가 타인의 손에 쥐어져 있지만, 성장은 나 자신의 가치를 스스로에게 입증하는 것이라 생각합니다. 생존은 우리에게 완벽한 프로가 되도록 종용하지만, 생활은 온전한 달인이 되라고 권합니다. 무슨 차이가 있을까요? 생활의 달인들은 학벌과 자격증이 아니라 그들의 솜씨로 승부합니다. 생활의 달인에게는 눈에 띄는 스펙보다 오히려 눈에 보이지 않는 내면의 힘이 느껴집니다. 경쟁 상대가 타인이 아니라 자신이기 때문이겠죠. 그러므로 달인은 프로가 아니라 아마추어에 가깝습니다. 아마추어(Amateur)라는 말은 원래 라틴어로 '사랑하다' 라는 의미입니다. 생존의 프로는 상대를 경쟁자로 인식하게 만들지만 생활의 달인은 상대를 사랑하게 만듭니다.

한나 아렌트는 〈인간의 조건〉이라는 책에서 인간의 삶을 '노동'과 '활동적 삶'으로 구분합니다. 노동이 생계와 직결되는 '필연적인 삶'이라면 '활동적 삶'은 이런 일차적 욕망으로부터 벗어나 있는 '자유인'의 삶이라 정의합니다. 전자가 능력을 필요로 한다면 후자는 꿈과 희망을 필요로 하지요. 둘 다 인간의 삶을 유지하는 데 없어서는 안 될 중요한 요소들인 건 분명한 사실입니다. 삶의 균형은 이 두 날개에 의해 비로소 유지될 수 있을 테니까요. 그렇게 본다면 좋은 삶이란 자신의 가치관에 따라 추구하고자 하는 삶과 자신이 성취한 일 사이의 간극을 좁혀가는 삶이 될 것입니다. 하고 싶었던 일과 어쩔 수 없이 해야만 했던 일 사이의 화해 말입니다.

인간에겐 '빵과 장미' 모두 필요한 대상입니다. '빵과 장미'는 미국 시인 제임스 오펜하임이 여성 노동운동가를 위해 쓴 〈빵과 장미〉라는 시에서 따온 것입니다. 빵은 생존권을, 장미는 인간답게 살 권리를 상징합니다. 인간은 자연적 존재이면서 동시에 사회적 존재이므로 빵을 위한 '노동 가치'를 넘어 장미를 위한 '존재 가치'도 인정받아야 마땅하겠죠. 장미의 가치를 말할 때 누군가는 이렇게 말할지도 모릅니다. "장미라고? 생계를 유지하기에도 벅찬 판에, 당장 오늘의 빵도 해결되지 않은 마당에 웬 이데올로기적 사치냐?" 괴테도 "눈물 젖은 빵을 먹어보지 않은 사람은 인생의 참다운 의미를 모른다."라는 명언을 남기기도 했습니다. 그런데 우리가 여기서 알아두어야 할 사실은 괴테가 말한 눈물 젖은 빵이 의미하는 것은 물질적인 가난과 고통이 아니라 정신적 시련과 고뇌를 의미한다는 점입니다. 먹을 것이 없는 사람은 허기로 고통받지만, 삶의 의미가 없는 사람은 스스로 목숨을 끊는 것도 이런 맥락에서 바라볼 수 있습니다. 결국 괴테가 말한 인생의 참다운 의미란 연명의 수단을 찾아 나서는 데서 얻어지는 것이 아니라 '장미'라는 인간다운 생활의 가치를 추구하는 데서 체득되는 것이 아닐까요?

직장생활을 하는 지인들의 얘기를 들어보면 일정한 기간이 지나면 누구나 매너리즘에 빠져들게 된다는군요. 일차적인 생존문제가 해결되고 나면 권태감과 공허감이 찾아온답니다. 권태감은 같은 일을 반복할 때 생기고, 공허감은 그 과정에서 의미를 찾지 못할 때 생기는 것입니다. 왜 그럴까요? '빵'구하기에 급급한 삶에선 재미도 의미도 찾기 어렵기 때문이 아닐까요? 3강에서 '재미있는 삶, 의미 있는 삶'을 다룬 적이 있습니다. 재미와 의미는 우리의 삶을 견인하는 중요한 두 축인 만큼 항상 그 두 영역 간의 조율과 화해를 시도하는 삶을 살아갈 것을 주문했었죠. 끊임없이 자기 삶의 변화를 환기시켜줄 그 무엇인가를 추구하며, 성장이라는 놀이에 심취한 사냥꾼이라면 지루할 틈이 없을 것입니다. 재미와 의미라는 두 마리 토끼가 눈앞에 있기 때문입니다. 사냥꾼은 원래 생존을 위해 먹잇감을 사냥하는 존재였지만, 오늘날엔 주로 생활, 즉 취미로 사냥을 합니다.

성공은 '완전함'을 먹고 자라지만, 성장은 '온전함'을 먹고 자랍니다.

완전함은 경쟁 이데올로기와 스펙을 부추기지만, 온전함은 더불어 사는 삶의 미학과 인성을 선사합니다. 그렇다면 온전함이란 단어가 더 인간미 있어 보이지 않나요? 온전함이란 결점이 없는 완벽함이 아니라 신체와 정신이 조화를 이루는 상태를 의미합니다. 회사, 가족, 학교, 인간관계 등 모든 곳에서 성공적으로 '나'를 경영해야만 간신히 버틸 수 있는 사회에서 우리 대부분은 일종의 성공 강박증 환자로 살아갑니다. 자본주의는 삶의 공간을 공포의 언어로 채워 두고는, 처세술을 동원해 정글 같은 그곳에서 살아남는 법을 가르치는 역설적 시스템이라고 할 수 있습니다. 사회구성원들이 자유 의지, 활동, 의미 추구 등을 실현할 수 있도록 사회적 시스템을 마련하는 일은 공동체의 몫이건만, 오늘날 우리 사회는 세상이 자신을 존중한다는 사실을 확인하지 못하면 스스로도 자신을 용납하지 못하게 만드는 사회입니다. 누군가의 정신적 고통을 온전히 이해하려면 그가 속한 사회적 환경과 맥락을 고려해봐야 할 이유도 여기에 있습니다. 고통은 단순히 정서적 경험이 아니라, 개인의 온전함에 대한 실존적 위협이라 할 수 있습니다. 온전함이란 미래의 자아를 위해 '자기투사'를 추구하는 개인의 능력을 의미하는데, 고통은 자기 투사를 추구하는 한 개인의 능력이 위협받고 있는 것을 지각하게 될 때 일어나는 징후인 셈입니다.

성공을 위한 처세술엔 '나'가 주어이지만, 온전한 삶의 방식엔 '우리'라는 언어가 주어입니다. 신영복 선생님의 〈감옥으로부터의 사색〉이라는 글은 여름감옥의 불편함에 대해 들려줍니다. 재소자들이 가장 괴롭다고 느끼는 순간 중의 하나는 바로 좁은 감방, 폭염 속에서 '인간 난로'인 동료와 살을 맞대고 있을 때랍니다. 겨울 감옥과 달리 따듯한 체온이 외려 옆 사람을 증오하게 만들기 때문이겠죠. 그럼에도 그들은 서로를 악마처럼 대하지는 않는다는군요. 증오의 대상이 옆 동료가 아니라 여름 감옥이라는 시스템과 환경에 있다는 걸 잘 알고 있기 때문입니다. 이처럼 타인을 온전히 이해할 수는 없다 하더라도 적어도 견뎌낼 수 있는 것, 그것이 더불어 사는 삶의 미덕이 아닐까 싶습니다. TV 드라마에서 〈응답하라 1988〉 부류가 환호받는 현상은 왜일까요? 그 당시엔 공존과 연대의 정서가 살아있었기 때문이 아닐까요. 타인이 내게 지옥 같은 존재가 아니라 내 삶의 동반자 혹은 구원자의 역할을 해주었기 때문이 아닐까요. 관용은 내게 편안한 사람들과 편안한 삶의 방식을 공유할 공간을 확보해가는 것이 아니라, 불편한 사람들과 불편한 삶의 방식을 함께할 공간을 내어주는 것이 아닐까요.

나는 생존하는 존재인가, 생활하는 존재인가

생존엔 결과가 중요하지만, 생활엔 과정이 중요하리라 생각합니다. 생존엔 냉정이 필요하지만, 생활엔 온정이 필요하지 않을까 생각합니다. 생존엔 일정한 규칙이 어울리지만, 생활엔 자유로움이 더 어울릴 것 같습니다. 그러므로 생존엔 시행착오가 쓰라림으로 다가오지만, 생활엔 시행착오가 오히려 역동성과 풍성함을 가져다주는 것이 아닐까 싶습니다. 앞서 우리는 다소 이분적인 구분이긴 하지만, 생존과 생활을 각각 성공과 성장의 키워드와 연관 지어 논의해 왔습니다. 성공과 성장 사이의 갈등은 특히 우리 시대의 청춘들에게 가장 구체적이면서 보편적인 문제로 대두되고 있습니다. 부모님 세대엔 그저 '평범한' 생활이었던 것이 이들에겐 '원대한' 꿈이 되어버린 시대에서, 세속적 출세경쟁이 주된 삶의 동력이 된 세상에서, 그 '이상'을 요구하기란 쉽지 않은 현실이 되어버렸죠. 일이 곧 돈벌이라는 등식이 성립하는 사회에서 우리의 재미와 의미는 얼마나 빈곤해졌나요. "진정한 의미의 생활을 하기란 쉬운 일이 아니다. 대부분의 사람들은 생존을 하고 있는 것이다."라는 오스카 와일드의 말은 우리의 쓰라린 현실을 예리하게 짚어냅니다.

과연 무엇이 지금 내가 하고 있는 것을, 혹은 하지 않으면 안 되는 것을 하도록 충동질하는가? 이 물음은 청춘들이 저마다의 삶의 방식과 방향을 결정하는 데 중요한 질문입니다. 내가 진정으로 욕망하는 것이 무엇인지를 제대로 인식할 때 자아존재감이라는 삶의 추진력이 생길 것이며, 이 자아존재감을 통해 스스로의 삶에 동기를 부여해줄 수 있을 것이기 때문입니다. 그래서 제안합니다. 삶의 궁극적인 목적은 외적 성공이 아니라 내적 성장에 두어야 한다고 말입니다. 그렇다면 질문을 바꿔야겠지요. '어떻게 성공할 것인가'에서 '어떻게 성숙해지고 성장할 것인가'로.

'삶'이라는 글자에서 'ㅏ'를 밑으로 내리면 '사람'이 됩니다. 삶은 곧 인간다움을 향해있어야 한다는 의미입니다. 인문학의 역할에 주목할 수밖에 없는 대목입니다. 인문학은 물론 생리적 배고픔을 채워주진 못합니다. 아픈 자들에게 물리적인 치료약을 제공해 주지도 못합니다. 하지만 정신적 허기를 달래줄 레시피와 마음의 치유제는 얼마든지 제공해줄 수 있는 것이 인문학입니다. 전공학문이나 실용학문은 사회라는 정글에서 살아남는 생존의 시나리오나 성공의 가이드라인을 제시할 테지만, 인문학은 내 안의 정글에서 겪게 될 성장통을 건강하게 극복해낼 항체를 심어줄 것입니다. "조그만 감정에도 가슴 뛰는 청춘이길 커다란 감정에도 함부로 흔들리지 않는 청춘이길." 헤르만 헤세가 청춘을 위해 남긴 말입니다. '조그만 감정'과 '커다란 감정'은 뭘 의미하는 걸까요? 세상이 나를 위해 곳곳에 깔아둔 나지막한 성장의 발판이 조그만 감정이라면, 커다란 감정은 세상이 내 앞에 높다랗게 세워둔 성공의 벽이지 않을까요? 성장의 가치를 온전히 체득하기 위해서 우린 어쩌면 평생을 '중 2병'을 앓으며 살아가야 할지도 모릅니다. 온몸으로 세상과 교감하고 타인의 욕망이 아니라 온전한 내 욕망에 충실하면서 스스로의 성장을 도모하는 사람들에게 '중2'는 신체적 나이가 아니라 정서적 나이가 됩니다. 우수한 스펙을 바탕으로 한 성공과 출세를 가장 이상적인 생존전략이라 떠받드는 기존 질서를 비판적으로 바라보는 시선이야말로 '중2'의 시선입니다. 개성이 아니라 능력과 처세술에 의해 좌표가 정해지는 치열한 투쟁의 장소에서 스스로 이방인이 되고자 하는 도전적 시도가 '중 2병'의 건강한 에너지입니다.

그렇다면 오늘날의 청춘들은 왜 생활과 성장의 기회를 박탈당하고 있는 걸까요? 이 물음은 우리의 교육시스템의 문제점을 환기시켜줍니다. 교육 환경이 오염되어 있을 때 상징폭력이 고개를 들기 마련입니다. 앞서 말했듯이 상징적 폭력이란 한 계급의 문화적 전횡이 어떻게 묵인되고, 합법화되는지를 들여다볼 수 있는 개념입니다. 사회적 불평등 관계를 공고히 하는 폭력을 말하지요. 한국사회의 초중고 교육과정은 합리적인 방식으로 이러한 사회적 불평등 구조를 정교하게 재생산해내는 대표적인 시스템이라 할 수 있습니다. 삭막한 경쟁 논리가 첨예화된 환경에서 대다수의 학생들은 들러리 인생, 즉 패배자로 전락할 수밖에 없습니다. 도구적 지식 위주의 평가 방식으로 인해 학생이 자신을 한 번 실패자로 여기게 되면 자신의 잠재력과는 무관하게 실패자에 걸맞은 행동을 하게 될 가능성이 큰 사회구조입니다. 그렇다 보니 학교는 '사는 것을 배우기 위해 삶을 바쳐야' 하는 역설의 공간이 되고 말았습니다. 이쯤 되면 교육현장이 일종의 사회적 다윈주의의 시험대로 전락한 셈입니다. 사회적 다윈주의는 자연계에 존재하는 적자생존의 법칙이 사회 안에서 작동하는 걸 묵인하는 논리이기에 사회적 불평등을 정당화

합니다. 개인의 가난을 무능력, 게으름, 자질 부족의 결과물로 인식하는 것이지요. 다윈 선생이 살아있었다면 자신의 이론이 이처럼 악용되는 것을 보고 자괴감을 느끼지 않았을까요?

피에르 부르디외라는 프랑스 학자에 따르면 교육제도들은 계급들 간의 문화적·세습적 지위의 틈새를 강화시켜서 사회계급구조의 재생산에 기여합니다. 교육의 형평성과 공정성이라는 이데올로기 안에서, 실제로는 불평등하고 비대칭적인 '학력 자본'이 확대재생산 되고 있다는 사실은 은폐되고 맙니다. 교육이 다양성과 특이성을 외면한 채 오로지 '성공 서사' 만을 최선의 가치로 삼을 때 분류와 배제는 '교육적 타자'를 걸러내는 정교한 수단이 되고 마는 것이죠. '인정중독'이 자연스러운 현상으로 받아들여지는 사회에서 인간은 고통의 책임을 스스로에게 물을 수밖에 없는데, 이 논리에 의해 청춘들의 회복탄력성은 차단되어 버리고 맙니다.

더 큰 문제는 정상과 비정상을 선과 악의 프레임으로 들여다보는 사회입니다. 사회적 효용 가치가 없는 존재가 사회악으로 치부되는 사회는 전형적인 배제사회입니다. 배제와 배타의 논리가 극단화되어 있는 사회야말로 정상적인 사회가 아니겠지요. 온갖 성과주의와 경쟁주의 노선을 자발적으로 거부한 자들에게 필요한 건 배려와 공감의 언어이지 경계의 눈빛이 아닙니다. 치유와 격려의 손길이지 타박과 낙인의 폭력이 아닙니다. 열등한 학습능력과 무능함을 비정상으로 규정하는 비정상적 사회에서 비정상적인 반응을 보이는 것, 이것이 대부분의 청춘들에게 드러나는 실존적 공허감의 실체입니다. '가면 우울증'이란 말이 있습니다. 우울증이 마치 가면을 쓰고 있는 것처럼 겉으로 잘 드러나지 않는 우울증을 말합니다. 실존적 공허감은 우울증, 애착 장애 외에도 공격성과 중독증 등의 형태로 드러나기도 합니다. 재물과 쾌락 거리에

집착하거나 로또에 빠져들기도 하며, 권력과 명성에 매달리기도 합니다. 이들의 입장에서는 그러한 일탈들이 실존적 공허감을 잊기 위한 도피수단으로 여겨지겠지만, 이는 엄연히 의미 추구에 실패한 자들이 수단 추구형 존재로 전락하는 경우를 말해줍니다. 의미를 추구하려는 의지가 좌절된 자리에 쾌락 의지나 권력 의지가 고개를 드는 것입니다.

청춘들의 삶의 목표를 생활이 아니라 생존으로 몰아가는 또 하나의 원인은 '성과사회'중심의 사회구조에 있습니다. 성과사회는 앞선 강의에서 살펴본 피로사회의 핵심 메커니즘입니다. 성과와 능력이 핵심 덕목이 되는 사회, 성취도에 따라 사회 적응자와 사회 부적응자로 갈리는 사회는 말 그대로 피로사회일 수밖에 없습니다. 피로라는 개인적 감각 상태를 집단 차원에서 관리하고 통제하는 사회에서 개인의 '생활'은 '생존'의 의존변수가 될 수밖에 없습니다. 수많은 감정노동자들이 웃다가 병들게 되는 것도 그들에게 부여된 생존조건이 그들의 생활을 억압하기 때문입니다. 성과사회를 부추기는 주된 원리는 '활동'과 '희망'이라 할 수 있습니다. 현대사회에서 개인의 성취가 이 두 가지의 요소가 어우러져 도출되는 방정식이라 할 때, 일의 속도와 처세술은 이 방정식의 절대 상수라 할 수 있습니다. 사회가 성과주의를 호명하는 순간 개인의 다양한 '끼'와 재능은 획일화된 스펙 쌓기에 포박될 수밖에 없습니다.

그렇다면 내가 유학한 적이 있는 독일의 경우는 어떨까요? 독일의 초중고 과정에서 강조하는 교육이념은 지식이나 기능보다는 가치 지향성, 사회 연대, 협동과 같은 인성교육의 요소들이 대부분입니다. 인성교육에 있어서 사회적 약자나 소외계층, 나와 생각이 다른 사람들과 더불어 사는 사회성, 관용을 중요시 여깁니다. 집시족과 같은 소수민족, 유대인, 장애인 등 약자를 박해했던 나치 시대의 부끄러운 역사가 있었기에, 이를 교훈 삼아 의도적으로 교육의 방점을 바꾼 것입니다. 이처럼 독일교육의 핵심가치가 인성교육에 있다고 할 때, 그것을 가능하게 하는 사회·문화적 조건들이란 무엇일까요? 무엇보다 교육환경이 제로섬(zero sum) 게임의 논리가 아니라는 점입니다. 이를테면 대부분의 평가가 절대평가 방식을 취합니다. 모두를 위한 '스펙 Specification'이 아니라 '나만의 Specialty'를 강조하는 분위기가 일반화되어 있다는 얘깁니다.

최근 들어 우리 사회에도 스펙 지상주의를 거부하는 움직임이 보이는데 이는 매우 환영할 만한 일입니다. 예를 들어 〈복면가왕〉이라는 TV 프로그램을 보니, 출연 가수들이 복면을 쓰고 나와 외모, 인지도, 나이 등 스펙에 해당하는 요소를 제거하고 오로지 노래 실력만으로 평가를 하더군요. 최근의 취업현장에서 부는 블라인드 채용 방식도 같은 맥락에서 이해할 수 있을 겁니다.

삶의 회복탄력성을 잃어가는 이들에게 실천인문학 차원에서 들려줄 수 있는 긍정의 메시지는 무엇일까요? 삶이란 누군가로부터 주어진 시나리오가 아니라 우리 스스로 선택하고 결정하는 과정에서 엮어지는 반전의 스토리라는 사실을 인식해야 하지 않을까 생각합니다. 그렇다면 무엇보다 중요한 것은 이 책에서 반복해서 강조하고 있는 자기배려와 자기 존중감이 될 것입니다.

삶이란 사기(buy) 위해 살아가는(live) 것이 아니라 살기(live) 위해 사는(buy) 것

최근 모 일간지 칼럼에서 '먹고사니즘'이란 말을 본 적이 있습니다. '먹고 살다'라는 말에 '~주의'라는 의미의 '이즘(ism)'이 결합되어 탄생한 신조어입니다. 생존의 핵심요소인 의식주 해결에 급급하느라 생활을 위한 활동, 이를테면 정치나 예술 활동 등을 소홀히 하는 삶의 방식을 뜻합니다. 자본주의 사회에서 먹고사니즘은 부정할 수 없는 시대정신입니다. 먹고 살기 위해서는 무슨 일이든 용인되며, 승자독식의 룰에 무조건적으로 순응해야 살아남을 수 있다는 절박한 인식이 보편화되어 있으니까요. 김훈 선생님의 〈칼의 노래〉에서 이순신 장군이 외쳤던 "닥쳐올 한 끼 앞에서 지나간 모든 끼니는 무효다."라는 말에도 먹고사니즘의 절박함이 배어있을 정도입니다.

그렇다면 먹고사니즘을 삶의 지침으로 삼는 건 문제가 없는 걸까요? 나에게 경제적으로 이득이 되기만 한다면 다른 모든 것은 감수하겠다는 태도는 지나치게 굴욕적인 세계관이 아닐까요? 먹고사니즘은 자본주의 시스템에 퍼져있는 이른바 공포의 문화가 원인이 아닐까 생각합니다. 생존이 두렵거나 낙오자가 되는 것이 두렵거든 수단과 방법을 가리지 말고 출세하고 보라는 다그침 말입니다. 이 공포와 다그침의 문화 속에서 성공신화가 탄생합니다. 성공신화는 위너가 될 수 있는 온갖 처세술을 유포시킵니다. 치열한 사교육 열풍과 성형중독 등은 그 대표적인 처세술이자 처방전입니다. 성공이라는 이름의 희망이 고문으로 읽히는 이유입니다.

최초의 자연 철학자로 불리는 고대 그리스의 탈레스는 밤하늘의 별을 관찰하며 걷다가 우물에 빠진 적이 있었습니다. 이 에피소드는 우리의 논의와 관련해서 매우 상징적인 의미를 담고 있습니다. 혹자는 자기 발밑, 그러니까 현실도 제대로 살피지 못하면서 하늘, 곧 이상만 쳐다보면 뭐하나 하는 말을 할 수도 있을 테지요. 하지만 그가 하늘을 관찰하고 탐구했기에 오늘날 '일식'이라 알고 있는 천문학적 지식을 우리에게 유산으로 남겨줄 수 있었습니다. 탈레스에겐 생물학적 궁핍보다는 자신의 삶에서 의미와 가치가 발견되지 않을 때 느낄 정신적 궁핍이 더 두려웠을 것입니다. 그렇습니다. 생존은 무언가를 사기(buy)위해 삶을 저당 잡히지만, 생활(live)은 '일'과 '잠'에 나누어주고 남은 시간을 의미 있게 활용하려고 삶을 비축합니다. 빵과 케이크의 차이가 뭔지 아나요? 빵은 단순히 배를 채우기 위한 것이지만, 케이크는 누군가를 축하해주고, 누군가에게 촛불을 밝혀주며, 누군가를 위해 노래를 불러주고 손뼉을 쳐주기 위해 존재하는 것입니다. 누군가의 궁핍을 해결해주기 위한 것이 아니라 누군가와 의미 있는 생활을 공유하기 위한 매개체라는 얘깁니다.

이즈음에서 웰빙(Wellbeing)에 대해 살펴보는 것도 우리의 논의를 위해 도움이 될 것 같군요. 웰빙이라는 말이 우리 시대의 대표적인 화두로 떠오른 지는 꽤 오래입니다. 세계보건기구가 "건강을 질병이 없기만 한 것이 아니라, 신체적·정신적·사회적으로 완전히 안녕한 상태(well being)에 놓여 있는 것"이라고 정의하고 있듯이, 사전적인 의미로 볼 때 웰빙은 조화로운 건강을 추구하며 행복하고 '아름다운 삶'을 영위하는 것을 그 근본 목적으로 삼고 있습니다. 그렇다면 순수 우리말로 '참살이'라 부를 수 있는 웰빙적 삶의 진정한 의미는 무엇일까요? 이 물음에 답하기 위해 우리가 주목해야 할 부분은 바로 '아름다운 삶'의 풍경입니다. 조화롭고, 아름다운 삶은 과연 나만의 행복만으로 일궈낼 수 있는 것일까요. 여기서 우리는 배려의 가치를 떠올려 볼 수 있습니다. 배려란 스스로를 돌본다는 의미에서의 '자기배려'와 남을 돌(아)본다는 의미의 '타인배려', 이 둘을 포괄하는 개념으로 이해해야 합니다.

결국 진정한 웰빙이란 자기만의 육체적·정신적 건강추구를 넘어 주변의 사회적 약자들에게 배려의 손길을 내밀어줌으로써 궁극적으로 아름다운 사회공동체 문화를 추구하는 삶이라고 정의할 수 있습니다. 이를테면 공기를 정화시키려 내 집에만 공기청정기를 달아놓을 것이 아니라 공동체 전체의 환경을 위해 자동차 이용을 줄이려는 대승적 차원의 삶의 가치를 지향해야 한다는 의미입니다. 그렇다면 오늘날 우리 사회는 웰빙적 삶이 제대로 구현되고 있는 것일까요. 배려가 아니라 배제의 메커니즘이 지배적인 사회라면 웰빙의 가치는 왜곡될 수밖에 없습니다. 자신의 존재감을 고급화된 라이프스타일을 통해 과시적인 소비형태로 드러내는 삶의 방식은 사이비 웰빙입니다. 집, 자동차, 가방 등이 원래의 사용가치를 상실한 채 오로지 부와 명품의 상징으로 환원되는 경우라든지, 몸매니 복근이니 하는 이른바 '외모 자본'이 사회적 신드롬이 되고 있는 현실 또한 사이비 웰빙 문화를 부추깁니다. 이렇게 되면 우리 사회에 새로운 귀족문화가 창출될 테고, 결국 웰빙은 상류계층의 과시적 취향으로 드러나게 될 것이기 때문입니다.

진정한 웰빙은 사기(buy) 위해 살아가는(live) 것이 아니라 살기(live) 위해 사는(buy)것이라는 자명한 이치를 깨닫는 데서 출발해야 합니다. '이스털린의 역설(Easterlin's Paradox)'이라고 들어봤나요? 일정 소득을 넘어서면 행복도는 더 이상 소득에 비례하지 않고 수평선을 유지한다는 이론입니다. 물질적 풍요가 행복에 기여할 수 있는 건 한계가 있다는 것이죠. 진정한 웰빙적 삶을 도모하기 위해서는 삶의 방식을 소유의 논리에서 존재의 논리로 바꿀 필요가 있습니다. 소유는 타인의 시선에 결박당한 삶의 방식이지만, 존재는 있는 그대로의 내 모습을 인정하는 주체적인 삶의 모습이기 때문입니다. 외모지상주의의 주술에 빠질 때 타인의 욕망을 모방하느라 스스로의 몸을 사랑하는 법을 망각하게 되는 역설에 봉착하게 된다는 사실을 알아야 합니다. 마지막으로 영국 작가 조지 버나드 쇼의 말을 찬찬히 음미해보기 바랍니다. "예순 살이 되어 스무 살 시절보다 열 배 부자가 된 사람을 찾기는 어렵지 않다. 그러나 그런 사람들 누구라도 열 배 더 행복해졌다고 말하지는 않는다."

삶의 성장호르몬은 'Readership(독서력)'에 있다.

지금까지 우리는 성공이 아니라 성장, 생존이 아니라 생활을 지향하는 삶의 방식에 대해 논의해 왔습니다. 앞서 다뤄온 8개의 강연 주제도 결국엔 온전한 삶의 방식을 모색하기 위한 치열한 질문의 과정들이 아니었을까 생각합니다. 의미 있는 삶과 가치 있는 삶이 만들어내는 풍경을 들여다보려 했고, 끊임없이 자기배려와 힐링의 가치를 환기시키려 했습니다. 그러는 가운데 인문학의 역할과 효용성에 주목해왔습니다. 이제는 이 모든 것의 자양분이자 성장호르몬이라 할 수 있는 '독서력(Readership)'의 중요성에 대해 다뤄볼까 합니다. 지도력을 뜻하는 'leadership'이 아니라 'readership'이란 단어를 쓰고 있다는 점을 눈여겨봐두기 바랍니다.

독서의 중요성과 관련해서 미국의 전 대통령인 해리 트루만은 이런 말을 했습니다. "모든 리더(reader)가 리더(leader)가 되는 것은 아니다. 하지만 모든 리더(leader)는 리더(reader)가 되어야 한다." 그렇습니다. 지도력(leadership)은 결국 독서력(readership)으로 귀결됩니다. 세상을 리드(lead) 하려면 먼저 세상을 읽어내야(read) 할 테니까 말입니다. 책을 읽는다는 것은 보편적으론 시대의 흐름을 읽어내고, 구체적으론 인간과 사회의 표정을 읽어내는 행위라 말할 수 있습니다. 타인의 존재 방식과 사고방식을 경험하고 그것을 이해하려는 노력을 통해 결국 그와 친구가 되는 것을 의미합니다. 그런 의미에서 독서를 '인문학의 근육'이라 부르고 싶습니다. 신체 근육이 우리의 몸에 필요한 에너지의 저장고이자 혈액순환에 중요한 역할을 하듯이, 독서 또한 인문학의 활력과 신진대사를 위해 꼭 필요한 요소라는 사실을 알아두었으면 합니다.

사람들은 왜 책을 읽는 걸까요? 어떤 이들은 지식과 교양을 쌓기 위해, 누구는 힐링과 치유를 위해서, 누구는 그저 무료함을 달래기 위해서일 수도 있겠죠. "독서는 남이 고생한 것을 활용해 자기를 개선할 수 있는 가장 손쉬운 방법이다."라는 소크라테스의 말은 독서의 효용성을 명쾌하게 제시해줍니다. 그럼에도 독서의 효용성이란 간단히 설명될 수 있는 것은 아닙니다. 어떤 종류의 책을 읽느냐에 따라 효용성의 성격이 달라질 것이기 때문이죠. 문학작품을 예로 들어 볼까요. 문학작품을 통해 독자는 직접 경험하지 못했던 타인의 삶을 이해할 수 있는가 하면, 그 삶을 비판적으로 바라보는 시각도 기를 수 있을 겁니다. 그 과정에서 인간의 희로애락과 생로병사에 대한 포괄적인 성찰이나 삶의 의미에 대한 통찰력도 얻을 수 있을 테지요.

이야기 속에서 자신의 아바타와 같은 존재를 발견하게 될 때 느끼는 즐거움도 독서의 효용성 중의 하나이지 않을까 싶습니다. 마치 나를 위해 쓰였다는 느낌을 주는 책을 만난다는 것은 얼마나 가슴 벅찬 일인가요. 때로는 내가 지금 겪고 있는 것과 같거나 유사한 고뇌와 고통들이 내지르는 아우성을 들을 수 있는가 하면, 나의 꿈과 욕망을 대리 충족시켜주는 열정과 희망의 속삭임을 들을 수도 있을 테니까 말입니다. 그런 점에서 독서는 나와 텍스트 간의 말길을 열어주는 매개체 역할을 하기도 합니다. 책 속의 인물들은 우리에게 끊임없이 말을 걸어주는가 하면, 우리의 관심과 반응을 기다리기도 하지요. 책 속의 수많은 '나' 혹은 친구들이 용기 내어 그들의 속내를 드러내는 만큼 끝까지 귀 기울여줄 인내심 정도는 기본이 아닐까 생각합니다.

그렇다면 세상의 모든 책들이 우리의 벗이 되어주는 걸까요? 수업시간에 한 학생으로부터 이와 같은 내용의 질문을 받은 적이 있습니다. 내 대답은 이랬습니다. "친구도 여러 종류가 있습니다. 만나면 마냥 재미있는 친구가 있는가 하면 재미는 없지만, 의미 있는 조언을 해주는 친구도 있을 테죠. 친구 관계에서 재미와 의미도 물론 중요한 요소이지만, 나의 존재를 있는 그대로 인정해주면서 응원해주고 격려해주는 친구야말로 가장 소중한 친구가 아닐까요? 말하자면 '소울메이트' 같은 친구죠. 책도 마찬가지일 겁니다. 소울메이트 같은 책이 되려면 저자와 거나하게 술 한잔 혹은 오붓하게 차 한잔했다는 느낌이 들게 하는 책 정도는 돼야 하지 않을까요?"

다시 말해 글을 '읽었다'기보다는 진솔한 '대화를 나누었다'는 느낌을 주는 책. 영혼과 영혼 간의 공명을 경험할 수 있는 책. 조금 고급스럽게 표현하자면 영혼의 심전도를 울리는 책이랄까.

아인슈타인이 "나는 맥주 대신 칸트의 〈순수이성비판〉에 취하겠다." 고 한 것도 이런 맥락에서 이해할 수 있지 않을까요. 그렇습니다. 좋은 책은 우리의 마음을 달래주고 영혼을 살찌우는 보약과도 같습니다. 그런 책에선 너무 감각적이지도 않으면서 너무 차가운 이성만을 강요하는 것도 아닌 정서적 균형과 절제의 미가 느껴집니다. 이른바 '심미적 이성'을 일깨워 준다는 말입니다. 심미적 이성은 성찰을 통해 내면의 아름다움을 가꾸어가는 것을 말합니다. 단순한 재미나 딱딱한 지식만으로는 빚어낼 수 없는 마음의 향기 같은 것이지요. 마음의 향기는 마음의 텃밭이 풍요로울 때 더욱 그윽해지는 법이겠죠. 이 마음의 텃밭을 우리는 교양이라 부를 수 있을 것입니다. 교양이라는 마음의 생태계를 건강하게 유지하는 데 독서는 필요충분조건이라 할 수 있습니다. 교양이란 말은 독일어 '빌둥(Bildung)'에서 유래한 말로, 원래는 '자아 형성'을 의미합니다. 그러니 교양은 폭넓은 지식보다는 자아실현과 자기수양에 더 가까운 말이겠죠. 교양은 특정 능력이나 기능을 향상시키는 것이 아니라 우리로 하여금 과거를 성찰하고 현재를 조망하며 미래를 확장할 수 있는 안목을 키워준다는 데 그 가치가 있습니다. 그렇게 본다면 교양이 존재하는 곳은 작가의 머릿속이 아니라 독자의 마음속이 될 것입니다. 작가가 전하고자 하는 책의 내용보다는 독자로서 어떻게 느끼며 읽었는가가 더 중요하다는 말입니다. 어떤 책이든 그 책을 읽은 독자 수만큼이나 다양한 의미와 해석의 지평을 열어줄 될 테니까요.

새로운 책 한 권은 새로운 세상과도 같습니다. "인간이 자연에게서 거저 얻지 않고 스스로의 정신으로 만들어 낸 수많은 세계 중 가장 위대한 것은 바로 책의 세계이다"라고 한 헤세의 말도 이러한 맥락에서 이해할 수 있을 테지요. 다양한 세상을 경험하는 데 동반자가 되어줄 가장 진지하고 친절한 멘토는 다름 아닌 고전입니다. 고전은 동서고금의 위대한 작가와 사상가들이 우리에게 남겨준 사상, 경험, 관습, 상징, 판타지 등의 정신적 유산이라 할 수 있습니다. 고전은 오랜 세월 동안 시간의 타성과 망각의 관성을 견뎌낸 작품들입니다. 시대를 초월해 새로운 독자를 만날 때마다 새로운 이야기를 건네주는 맞춤형 조언자이기 때문이죠. 그렇습니다. 고전은 앞서 살았던 인생 선배들의 숱한 조언과 충고가 고스란히 축적되어 있는 거대한 인생 상담소 같은 곳입니다. 험난한 환경에서 무사히 생존하고 생활해온 위대한 멘토들이 생생한 목소리로 사랑과 운명의 인류학, 행복과 불행의 대서사를 고스란히 전수해주는 곳이니까요.

이처럼 독서는 우리의 삶이 사막 같을 때 소중한 샘물이 되어주기도 하고, 지독한 피로사회를 살아내는 데 필요한 원기회복제가 되어주기도 합니다. 그럼에도 현대사회는 독서에 호의적이지 않은 환경임에 분명합니다. 수많은 인터넷 정보들이 '공짜'라는 유인책으로 '클릭하는 식물인간'을 대거 양산하고 있는 추세를 보면 말입니다. 하지만 독서에는 기계적인 '손길'보다 반복적인 '눈길'이 더 필요한 법입니다. 누군가와 진정한 친구가 되기 위해서는 몇 번이고 만남의 과정을 거쳐야 하는 것처럼, 책과의 진솔한 대화를 위해서는 그윽이 바라봐주는 눈길이 필요합니다.

요즘 '욜로족'이란 말을 많이들 쓰고 있습니다. 노력의 결실이 보장되지 않고 미래가 불투명하다고 여기는 젊은 세대들의 세계관이 집약되어 있는 말이지요. 그렇다고 마냥 부정적이고 냉소적이기만 한 말은 아닙니다. 지금 이 순간을 소중히 여기고 나를 사랑하려는 긍정의 에너지도 담고 있기 때문입니다. 그런 점에서 독서는 욜로족들과 궁합이 잘 맞아 보입니다. 나의 삶을 온전하게 채우고, 나를 위로하며 나를 치유해줄 수 있는 한 권의 책, 이것이야말로 욜로문화의 진정한 응원군이 아닐까요? '우리는 우리가 읽는 것으로 만들어진다.'는 말이 있습니다. 지금 여러분이 읽고 있는 책이 5~10년 후 여러분의 모습을 결정할 것이라는 점 꼭 기억하기 바랍니다.

참고 자료

김우창: 자유와 인간적인 삶, 생각의 나무, 2007.
신영복: 감옥으로부터의 사색, 돌베개, 1998.
삐에르 부르디외 (정일준 역): 상징폭력과 문화재생산, 새물결,1997.
삐에르 부르디외 (최종철 역): 구별 짓기 상·하, 새물결, 2005.
한나 아렌트(이진우 역): 인간의 조건, 한길사, 2017.
헤르만 헤세(김지선 역): 헤르만 헤세의 독서의 기술, 뜨인돌, 2006.

10강

위대한 멘토
괴테를 만나다

이번 마지막 강의에서는 서구 지성사에서 북극성처럼 빛났던 위대한 멘토 괴테를 만나볼 것입니다. 괴테는 정치·경제·예술·자연과학 등 다양한 분야를 넘나들면서 〈젊은 베르테르의 슬픔〉부터 〈파우스트〉에 이르기까지 탁월한 문학적 성취를 일궈낸 융합적 지성이었습니다. 그는 프로이트, 다윈, 니체, 쇼펜하우어, 훔볼트, 토마스만, 하이젠베르크, 베토벤, 촘스키, 슈타이너 등 분야를 막론하고 수많은 '멘티'들에게 세상을 폭넓게 바라볼 수 있게 해주었던 위대한 스승이었죠. 우리가 1 ~ 9강에 걸쳐 다루었던 모든 주제영역들은 사실 괴테가 고민하고 성찰하고 실천했던 시대적 과제이기도 했습니다. 괴테는 몇 세기 전에 이미 인문학의 가치, 배려와 공감의 정서, 생태주의, 성과와 능력 중심의 사회 비판, 느림의 미학 등 오늘날에도 여전히 유효한 핵심 담론들을 펼쳐 보였습니다. 치열했던 그의 삶과 예술적 시대정신은 우리 시대가 지향해야 할 성찰의 방식과 삶의 좌표를 제시해주는 길라잡이가 되어줄 것입니다.

진정한 융합적 지성, 괴테

2007년 영국의 과학 전문지 〈네이처〉는 인류 역사를 바꾼 세계의 천재 열 명을 선정해 발표한 적이 있습니다. 대부분이 과학자일 것이라는 예상을 깨고 다양한 분야에서 두루 업적을 일군 이른바 '르네상스형' 인물들이 높은 순위를 차지했으며 괴테 역시 그 중심에 서 있었습니다. 셰익스피어, 단테와 함께 세계 3대 시성으로 불리는 괴테는 시대와 분야를 넘나든 위대한 멘토였습니다. 괴테는 문학가이면서 변호사 정치가 교육자이자 식물학 · 해부학 · 광물학 · 지질학 · 색채론 등 자연과학 분야에서도 탁월한 성취를 일궈낸 융합적 지성인이었습니다. 괴테가 발견한 성과물 중 대표적인 것은 인간의 '간악골(間顎骨)'인데, 간악골은 인간의 좌우 상악골 사이에 끼어 있는 앞니 뼈를 말합니다. 종전에는 원숭이 등에게만 존재하고 인간에게는 없는 것으로 간주되어 왔지만, 1784년 괴테는 그것이 퇴화된 상태로 인간에게 존재한다는 사실을 발견해내게 됩니다. 그 결과 '괴테 봉합'이라는 용어는 오늘날 의학사전에 공식적인 해부학 용어로 등재되어 있습니다. 인간을 태우고 하늘을 여행할 수 있게 된 최초의 수단인 열기구 또한 괴테가 최초로 고안한 것으로 알려져 있습니다. 그런가 하면 독일 내륙이나 스위스에 존재하는 거대한 암석들이 빙하에 의해 이동한 것이라는 학술적 근거를 최초로 제시한 인물도 괴테였습니다.

이처럼 괴테는 자연과학 분야에서도 세계사에 큰 족적을 남긴 존재였습니다. "내가 더 멀리 볼 수 있었던 것은 거인들의 어깨 위에 올라서 있었기 때문이다."라는 뉴턴의 말을 인용하자면, 괴테는 수많은 멘티들에게 자신의 어깨를 내준 위대한 멘토였습니다. 인간의 무의식에 주목하며 정신분석학을 창시한 프로이트, '발도르프 교육'을 통해 진정한 전인교육의 토대 담론을 구축했던 슈타이너(Steiner), 진화론을 통해 생명 담론의 지적 패러다임을 바꾸어 놓은 다윈 등은 말하자면 괴테라는 거인의 어깨에 올라탄 난쟁이들이었습니다. 그럼 괴테가 이 세 멘티들에게 어떤 영향을 미쳤는지 살펴볼까요.

먼저 프로이트입니다. 무의식, 우울증, 멜랑콜리, 애도, 나르시시즘, 분신(分身), 오이디푸스 콤플렉스, 에로스와 타나토스(죽음충동), 쾌락원칙과 현실 원칙,광기와 노이로제, 타자성 등 프로이트가 학문적인 용어로 정착시킨 대부분의 개념들은 사실상 괴테의 서사 공간을 채우는 핵심어들이라 할 수 있습니다. 프로이트는 프랑크푸르트 괴테하우스에서 한 연설에서 레오나르도 다 빈치와 괴테를 비교하는 가운데 괴테야말로 진정한 정신분석학의 선구자였음을 다음과 같이 밝힙니다. "괴테와 마찬가지로 다 빈치는 예술가이자 과학탐구자였습니다.(…)레오나르도 다 빈치의 본성에 있어서는 과학자적인 속성이 예술가적인 속성과 조화를 이루지 못합니다. 과학자적인 속성이 예술가적인 속성을 방해하고 억눌렀습니다. 레오나르도가 불안한 심리를 보였다면, 그것은 그가 자신의 관심 영역에서 성적인 모든 것, 결국은 심리학 자체를 억압했기 때문입니다. 그에 반해 괴테는 자신의 작품의 많은 대목에서 정신분석학적 접근을 시도했으며, 우리가 확인해 왔듯이, 탁월한 식견으로 정신분석의 상당 부분을 인정해 온 사람입니다." 이를테면 '무의식'은 괴테가 인간 중심주의와 이성 중심주의를 비판하면서 인간의 행동은 본질적으로 무의식에 의해 조정된다는 주장을 할 때 종종 사용하던 용어였습니다. 괴테의 말을 들어보죠. "인간이란 본래 의식 상태에 오래 머물러 있을 수 없는 존재지; 그는 곧 다시 무의식 속으로 피신해야 할 터인데, 그 이유는 바로 그 무의식 속에 자신의 뿌리를 두고 있기 때문이지." 그렇습니다. 괴테는 프로이트에게 무의식의 세계에 대해 눈을 뜨게 해준 스승이었습니다.

두 번째 인물은 '발도르프 교육'의 창시자로 알려진 슈타이너입니다. 루돌프 슈타이너는 일생 동안 괴테의 자연철학과 문학작품을 연구한 학자로, 1912년 인지학 협회를 창설했습니다. 자연계의 모든 배후에는 플라톤적인 '원형' 또는 '관념'이 존재한다는 결론에 도달한 슈타이너는 세계를 구성하고 있는 가장 근본적인 질서와 원리를 찾아내려는 학문으로 처음엔 수학과 과학을 선택합니다. 그러던 중 괴테의 사상에서 자신의 교육철학과 가치관의 '원형'을 발견하게 되고 이를 '발도르프 교육'의 핵심이념인 인지학으로 발전시키게 됩니다. 인지학은 근본적으로 정신과 영혼, 인간과 자연의 본질을 탐구하는 가운데 인문학적·예술적·자연과학적 방법론을 융합해서 문명의 3대 주요 영역인 과학·예술·종교 간의 접점을 찾으려는 이론 체계입니다. 슈타이너는 지식 전달과 기술 축적에 열중했던 당대의 교육을 비판하고 이성과 감성, 정신과 육체가 조화를 이루는 전인교육을 추구했던 인물입니다. 특히 미술과 음악, 무용이 접목된 다양한 예술교육을 통해서 자신의 내면을 들여다보고 나와 우주가 하나가 되는 자유인을 육성하고자 했습니다. 발도르프 교육은 현재 우리나라를 비롯해 전 세계적으로 각광받는 성공적인 대안교육으로 평가되고 있습니다. 관찰과 체험, 주체와 객체의 중재, 인문과 과학의 화해를 표방했던 괴테의 사유는 슈타이너 교육철학에서 강조하는 창의성과 인성, 친자연적 전인교육, 이성과 감성의 조화, 자유와 참여 등의 가치에 지대한 영향을 미쳤습니다. 그 누구보다도 도구적 이성과 성과주의적 경쟁시스템을 혐오했던 괴테의 교육이념이 슈타이너의 발도르프 교육이념에 온전히 반영되었던 것이죠.

괴테와 슈타이너는 개인의 자유로운 욕망을 억압하고 '성공'이라는 획일화된 삶의 문법을 강제하는 사회에서 배려와 공감의 에너지를 활성화시킴으로써 '생태사회주의'의 미덕을 복원시키려 했습니다. 타인을 배려함으로써 내 영혼의 결핍이 채워지는 선순환의 생태성이 살아날 때 비로소 진정한 웰빙과 공존의 미학을 길어 올릴 수 있을 것이라 믿었기 때문입니다. 인간다움과 공공선과 예술정신을 함양하는 교육, 경외심을 배양하는 종교 및 윤리교육 등은 괴테가 추구하는 이상적인 교육 방식이었습니다.

그중 특히 우리가 주목해야 할 덕목은 경외심입니다. 괴테는 경외심을 다음과 같은 세 부류로 나누었습니다. 첫 번째의 것은 우리들의 위에 있는 존재에 대한 경외심입니다. 인간보다 높은 곳에 존재하는 신(神), 혹은 대자연은 부모·선생·지도자의 모습으로 나타나는데 교육은 이들에 대한 믿음을 형성하는 것이라는 시각입니다. 두 번째의 것은 우리들의 아래에 있는 존재에 대한 경외심입니다. 이것은 대지에 존재하는 사회적 약자와 소외된 자들을 배려하고 그들과 교감하려는 의지입니다. 세 번째는 동등한 자에 대해 갖는 경외심입니다. 이것은 동료의식과 우애감을 가지고 상호 신뢰하며 협동적으로 생활하는 태도를 의미합니다. 즉 소외와 배제의 원리가 아니라 연대와 배려의 가치가 살아있는 공동체 문화를 추구하는 삶의 방식이지요. 이렇게 우주의 질서와 세상의 순리에 따르고 사회 구성원들과 함께 '더불어 사는 삶'을 키워가는 것이야말로 괴테가 추구하고자 한 교육철학이었습니다.

괴테가 뉴턴을 싫어한 이유도 이러한 맥락에서 이해할 수 있습니다. 뉴턴이 획일적인 법칙 혹은 이론을 통해 자연현상과 인간의 감각을 철저하게 분리하는 바람에 인간과 자연 간의 아름다운 공존과 공명(共鳴)의 가능성이 차단당했다는 게 괴테의 불만이었습니다. 이를테면 '색채론'의 경우, 빛은 스펙트럼을 통해 여러 특성을 가진 빛들로 분리될 수 있고 빛은 그것을 바라보는 인간과는 별개로 절대적인 성질과 움직임을 가진다는 게 뉴턴의 해석이었지만, 괴테는 빛과 색채는 자연현상의 상황, 인간의 조건에 따라 달라지며 이 색깔들은 단순한 광학적 물리법칙으로 설명되지 않는다고 보았습니다. 뉴턴의 미적분학적 해석 방법(Atomism) 역시 괴테의 반감을 불러일으켰습니다. 눈으로 직접 관찰하기 힘든 대상의 경우, 이를 미세하게 잘라서 분석하는 것이 뉴턴의 창의적인 방법인데 이는 대상을 '살해하는' 행위에 다름 아니며 결국 한 번 분해된 대상은 원래의 생기를 가진 온전한 대상으로 회복될 수 없다는 게 괴테의 입장이었습니다.

괴테의 〈색채론〉 얘기를 좀 더 해볼까요. 문학적인 명성에 가려 상대적으로 그 빛을 발하지 못한 〈색채론〉은 괴테가 무려 20여 년에 걸쳐 연구한 오랜 실험의 결과물입니다. 흰빛 속에 다른 모든 색이 존재한다는 이론을 정립한 뉴턴과는 달리 괴테는 모든 색들이 밝음과 어둠의 상호작용을 통해 비로소 생겨난다고 주장했습니다. 뉴턴은 색채를 그저 물리적 현상으로 파악했지만, 괴테는 색채를 물리적 현상일 뿐만 아니라 그 물리적 신호를 눈에서 받아들여 몸이 반응하는 심리적 현상으로 인식했습니다. 괴테는 뉴턴과는 달리 실험보다는 인간의 경험을 중시했습니다. 따라서 사물의 색깔을 인식하는 데에는 외부의 자극뿐만 아니라 눈이 핵심 역할을 한다고 보았습니다. 뉴턴에게는 프리즘이라는 '도구'가 절대적이었다면 괴테에게는 빛을 바라보는 '인간의 눈'이 더 중요했죠. 눈은 단순히 자극을 수용하는 수동적 감각기관이 아니라, 물체에 색깔을 부여하는 능동적 의식기관이라 보았기 때문입니다. 괴테는 감각을 매개로 하여 인간의 내부와 자연은 서로 분리 불가능한 상태로 연결되어 있다는 입장이었습니다. 그러므로 대상을 인간의 감각과 별개의 것으로 파악하는 뉴턴의 사고방식에 적대적일 수밖에 없었던 것이죠.

어두운 곳에서 갑자기 밝은 곳으로 나오면 눈이 부셔 아무것도 볼 수 없다가 차츰 적응하게 되는 '명순응', 그 반대의 경우인 '암순응'. 이 명순응과 암순응의 생리적 메커니즘을 처음으로 규명한 인물도 바로 괴테입니다. 그럼에도 괴테의 색채이론은 색채의 심미적인 효과에 대한 자세한 설명과 병리색에 대한 독창적인 해석으로 일부 화가와 생리학자들의 주목을 받았을 뿐, 그 당시 물리학의 주류로부터는 외면당해왔습니다. 그러다 20세기 중반에 이르러 사람들이 자연과학의 기계론적, 환원주의적 사고방식이 초래할 위험성을 인식하게 되면서 괴테의 색채론이 하나의 대안으로서 일부 물리학자들을 통해 새롭게 조명받게 됩니다. 후대의 평가 중 하이네의 평가가 특히 인상적입니다. "괴테의 색채론은 바다 위를 항해하는 선박들이 기준으로 삼는 등대가 아니라, 여행객들이 언제나 자신들의 여행의 안내자로 삼는 밤하늘의 별과 같다. 뉴턴의 색채론이 무대 뒤의 연출 장치를 보여주는 것이라면, 괴테의 색채론은 무대 위에 살아 숨 쉬는 배우들의 모습을 보여주는 것이다." 이렇듯 괴테는 자연을 분석의 대상으로 여긴 것이 아니라 이해와 교감의 시선으로 바라보고자 했습니다. 그런 점에서 오늘날의 생태주의 사상은 자연과 인간이 하나라고 보는 괴테의 세계관에 많은 빚을 지고 있는 셈입니다.

마지막으로 괴테가 진화론의 창시자인 다윈에게 미친 영향을 살펴보죠. 다윈의 〈종의 기원〉은 '과거로부터 시간이 지남에 따라 동식물들이 변이를 일으킬 수 있다.'라는 한 문장으로 집약될 수 있습니다. 진화론의 핵심담론은 동식물의 형태적 유사성, 생명현상이나 유전자기능의 동일성, 같은 종 내에서의 변종출현 등에 근거를 두고 있죠. 우리가 주목해야 할 사실은 이러한 진화론의 토대이론이 괴테의 '형태론적 사유'에 상당 부분 빚지고 있다는 점입니다. 슈타이너는 다윈의 진화론이 괴테의 '변형론'이라는 거인의 어깨에 올라타 있었기에 가능했다는 분석을 내놓습니다. "다윈은 괴테와 유사하게 관찰을 통해, 속이나 종의 외부형태의 불변성에 의심을 품게 되었다. 다윈은 유기체의 모든 본성은 그 외형적 특성으로 조성된다고 생각하여, 식물의 생에 있어서 불변하는 것은 없다고 결론을 내릴 수 있었다."

한편 괴테는 1784년 '간악골'을 발견함으로써 동물계의 진화원리에 보편적으로 존재하는 '원형'을 규명하는 데 크게 기여한 바 있습니다. 그 전까지는 동물에게만 존재하는 것으로 알려진 간악골의 존재를 인간에게서도 발견하게 된 것은 향후 비교해부학 분야의 패러다임을 바꾸어 놓은 중요한 계기가 됩니다. 이처럼 다윈이 괴테를 자신의 지적 멘토로 삼았다는 역사적 논거는 차고 넘칩니다. 다윈은 괴테라는 '지적 인프라'가 있었기에 생명의 탄생과 성장의 비밀을 더 자세히 들여다볼 수 있었을 것이고, 결국 진화론이라는 학문적 성취를 일궈낼 수 있었을 것입니다. 식물형태학의 개념과 이론을 체계화한 공로로 식물의 속명에 공식적인 이름이 올라있는 괴테, 그는 분명 다윈이라는 난쟁이에게 어깨를 내준 거인이었습니다.

괴테가 형상화하고자 한 인간의 무늬들

이제부터는 괴테가 자신의 삶과 문학을 통해 보여준 인문학적 가치와 덕목들을 살펴보도록 하죠. 괴테에게 문학은 자기성찰력과 자기치유력을 길러주는 역할을 하는가 하면, 사회 시스템 밖에서 사회시스템을 움직일 수 있는 '아르키메데스의 점'이기도 했습니다. 특히 괴테가 표방하고자 한 세계문학론과 세계시민주의는 다문화주의의 환경으로 거듭나고 있는 우리 시대에 많은 시사점을 제공해줍니다. 즉, 문학이라는 보편적 언어를 통해 나와 다른 타자와 공존할 수 있는 방식, 혹은 타자와 소통할 수 있는 모델을 제시해 줌으로써 괴테는 진정한 의미의 글로벌 마인드를 펼쳐 보인 인물이었습니다.

〈젊은 베르테르의 슬픔〉부터 〈파우스트〉에 이르기까지 괴테의 작품세계를 특징짓는 중심테마는 '양극성'과 '조화'라고 할 수 있습니다. 이성과 감성, 남성성과 여성성, 육체와 영혼 등과 같이 대립되는 양극은 사실상 서로를 부정하는 관계에 있는 것이 아니라, 상호 보완의 과정을 거쳐 궁극적으로 조화의 단계로 나아가게 된다는 것이 괴테의 세계관이었습니다. 말하자면 〈젊은 베르테르의 슬픔〉의 여주인공인 로테의 여성성(관용과 배려의 미덕, 그리고 모성애)과 파우스트의 추진력 간의 조화야말로 괴테가 길어 올리고자 한 시대정신의 핵심이었습니다. 〈젊은 베르테르의 슬픔〉은 당시 괴테와 같은 젊은 세대가 공통적으로 겪는 운명의 이야기이자 영혼의 초상이며, 그들이 앓고 있는 마음의 병을 감동적으로 그려낸 이른바 '공감 서사'입니다. 따라서 비록 개별적인 사건이지만 그 속에 보편적인 인간사를 품고 있으며, 일회적인 사건이지만 항구적 공명(共鳴)을 일으키는 상징성을 드러냅니다. 이 소설이 강한 흡인력을 갖는 까닭은 괴테가 경험한 실제적인 사건에 바탕을 두고 있기 때문입니다. 7주라는 짧은 기간 안에 마치 영혼의 심전도를 기록하듯 써 내려간 〈젊은 베르테르의 슬픔〉이 그토록 강렬한 떨림을 주는 이유가 여기에 있습니다. 빌헬름이라는 절친한 친구에게 자신의 심경을 토로하는 고백 형식의 이 작품을, 독백의 시대이자 소통 부재의 시대를 사는 우리들이 추체험(追體驗)할 수 있는 것은 차별화되지 않은 '보편적 사랑'이 존재할 것이라는 기대감 때문입니다. 베르테르가 지향하는 사랑의 방식은 다분히 '민주적'입니다. 그가 아는 사랑의 조건은 열정뿐이며 그 조건은 누구나가 충족시킬 수 있기 때문이죠. 이쯤 되면 사랑의 민주화 선언을 한 셈입니다. 그렇게 볼 때 괴테에게서 에로스는 단순한 성적 쾌락의 의미로 환원되지 않습니다. 누군가를 열렬히 사랑함으로써 내 영혼의 결핍을 채우고 내 삶을 풍성하게 하는 긍정적인 에너지가 바로 에로스의 본질이기 때문입니다. 그런 의미에서 그의 사랑과 고통의 서사가 오롯이 살아 숨 쉬는 〈젊은 베르테르의 슬픔〉은 우리 시대의 소외된 가슴과 상처 입은 영혼을 위해 지금도 쓰이고 있는 공개서한이라 할 수 있습니다.

온갖 성과주의와 도구적 지식이 판을 치는 속물화된 사회에서 트라우마를 겪게 된 베르테르에게 로테는 구원의 여성이자 진정한 소울 메이트였습니다. 신분과 스펙의 성취도에 따라 규정되는 이른바 루저와 위너라는 배타적 논리를 겸허히 받아들여야 하는 우리 시대의 청춘들이 그러하듯, 베르테르는 자신의 영혼을 팔아서라도 성공의 수사(修辭)에 귀 기울일 수밖에 없는 지옥 같은 일상에 환멸을 느끼던 터였습니다. 로테의 절제된 이성은 당시 젊은 세대들의 지배적인 세계관이었던 염세주의와 감상주의의 늪으로부터 베르테르를 구원해줄 균형추 같은 역할을 했습니다.

현대사회에서 '빠름'과 '활동'은 자아실현의 프로젝트를 견인하는 두 축이라 할 수 있습니다. 개인의 욕망은 대부분 이 두 가치를 통해 성공과 출세의 기호로 치환되는 게 사실이죠. 그 과정에서 효율성과 성과주의는 우리에게 속도의 강박을 주문해 오게 됩니다. 하지만 로테는 우리에게 느림의 미학을 일깨워줍니다. 아날로그적 삶의 향기와 진정한 웰빙의 가치를 상기시켜준다는 말입니다. 베르테르와 로테가 애정을 키워가는 공간은 발하임이라는 일종의 슬로시티(Slow-City)입니다. 베르테르가 "항상 자신과 불화하며" 살아올 수밖에 없었던 것은 사실상 속도의 광기가 가져다준 피로감 때문이었습니다. 그것이 그에게 우울증을 안겨주었던 것이죠.

경쟁과 성과를 추구하지만, 결국엔 공허한 희망만 인플레이션화되는 사회구조 속에서 베르테르에게 절실한 것은 어쩌면 무위(無爲)의 환경이었을지도 모릅니다. 베르테르의 우울증은 보편적 규범과 획일적 가치를 강제하는 상징 권력과의 불화에서 생겨난 것입니다. 베르테르가 배제의 논리가 작동하는 영역들, 이를테면 신분, 계급, 능력, 활동성, 도덕성 등에서 자발적 무능함을 택한 것도 이 때문입니다. 알베르트처럼 매사에 체계적이고 주도면밀한 인간이 성과주의의 성공모델로 각광받는 사회에서 베르테르는 의도적으로 비정상의 삶을 택했을 뿐입니다.

사회가 배려와 공존의 가치를 담보해 주지 못하는 환경에서 개인의 불만과 불신, 불안감이 내면화되는 건 당연한 일일 테죠. 베르테르는 제도권적 교육이 보증하는 장밋빛 인생보다는 타자의 열정을 펼쳐 보일 수 있는 자유와 교감의 삶을 살고자 했습니다. 그는 어쭙잖은 교양으로 온갖 오만한 행세를 하는 상류층 인간들에게서 얄팍한 교양이 어떻게 상징권력으로 변질되어 가는지를 지켜보았습니다. 베르테르는 살벌한 스펙의 제국에서 환대와 배려와 공감의 윤리를 키워 내려 했지만, 결국 온전한 삶의 방식보다는 완벽한 처세술을 가르치는 학교 교육의 희생자가 될 수밖에 없었습니다. 시선의 규율이 내면화되어 있는 대표적인 시스템이라 할 수 있는 학교에서, 교육이라는 이름으로 행해지는 훈육과 억압의 논리에서 베르테르는 '새장 속'의 답답함을 느꼈습니다. 문명사회에서 문명성을 등지고 살아가는 삶, 차가운 이성보다는 열정에 귀 기울이는 삶에 비정상의 굴레를 씌우는 사회 속에서 베르테르는 이렇게 계몽된 허위의식을 간파해내었습니다.

〈젊은 베르테르의 슬픔〉 텍스트 안에서는 빠름과 느림, 활동과 무위(無爲)의 담론이 충돌합니다. 베르테르는 모두가 자신에게 활동하기를 종용하지만 정작 그가 원하는 것은 휴식과 느림의 미학입니다. 베르테르의 주변인들은 그의 창조적 재능(그림)을 사회가 요구하는 상징질서와 화해시키는 노선을 선택하도록 강요합니다. 그의 본원적 욕망을 시민적 덕목에 맞게 코드화시키려는 속셈이지요. 하지만 그렇게 됨으로써 겉보기엔 화해로 보일 수 있지만 그 이면엔 주체의 소외문제가 숨겨져 있습니다. 상징질서는 개성이 아니라 능력과 처세술에 의해 그 좌표가 정해지는 치열한 투쟁의 장소이기 때문입니다. 베르테르에게 느림이란 환경, 자연, 시간, 계절의 리듬이자 가장 자유로운 자기배려의 실천입니다. 따라서 그가 자신에게 '활동'을 종용하는 지인들의 '활동 예찬'에 대해 활동의 허위의식을 비판하는 데에는 참다운 자기배려의 의지와 자율성이 결핍되어있다고 보기 때문입니다. 베르테르에게 자기배려의 삶은 '산책'과 '떠남'의 형태로 구체화 됩니다. 베르테르에게 떠남은 단지 공간을 달리하는 것 그 이상을 의미합니다. 오히려 심미적 토양을 바꾸어 놓는다는 의미에 가깝습니다. 삶의 권태감에 매몰되지 않는 것, 악습이나 구태와 결별하는 것, 과욕과 집착을 버리는 것, 기득권을 포기하는 것 등이 떠남의 본질입니다. 떠남은 성과와 활동의 강박에 시달리지 않는, 따라서 피로사회의 노예 상태로부터 벗어날 수 있는 유목민적 삶을 가능케 해줍니다. 베르테르가 지향하는 무위의 삶이란 일차적으론 자연의 질서에 순응하는 삶을 의미하지만, 다른 한편으론 산책과 휴식을 통해 자기배려의 에너지를 확보하려는 삶의 의지이기도 합니다. 요컨대 베르테르에게 무위와 사색은 "주변의 것들에 휘둘리지 않는 주관적 자아이자 진정한 자아를 찾아가는 출발점"인 셈이죠.

산책이 베르테르에게 자기관찰에 충실할 수 있는 웰빙적 삶의 방식을 일깨워준다면 떠남은 상징질서에 갇히지 않는 유목민적 삶을 가능케 해줍니다. "그렇게 떠나오고 나니 얼마나 행복한지 모르겠네!"라는 〈젊은 베르테르의 슬픔〉의 첫 문장은 그런 의미에서 베르테르의 유목민적 세계관을 함축하고 있습니다. 유목민적 삶의 지향점은 특정한 가치와 삶의 방식에 얽매이지 않고 끊임없이 과거의 자기를 부정하면서 새로운 자아를 찾아가는 것에 있습니다. 따라서 개인의 자유로운 욕망을 억압하고 성공이라는 획일화된 삶의 문법을 강제하는 사회는 베르테르와 같은 심미적 유목민에겐 지옥 같은 곳이 아닐 수 없습니다. 어디든 정착할 수 없는 유목민은 그 자체로 이방인이기에, 늘 사회적 타자로 배제될 운명에 처해지긴 하지만 자연스러운 욕망의 흐름에 맞는 새로운 형태의 존재론과 삶의 질서를 찾아 나설 수 있는 자유만큼은 보장받게 됩니다. "남보다 한 걸음이라도 앞서기 위해 눈에 불을 켜고 달려드는 인간들의 출세욕, 비참하고 처절하기 이를 데 없는 그 병적인 집착"이 보편화되어 있는 문명사회를 떠남으로써 베르테르는 스스로를 '나그네'라는 탈일상적 삶의 주체로 선언합니다.

이쯤에서 우리는 괴테가 남긴 또 하나의 세계적인 걸작인 〈파우스트〉를 언급하지 않을 수 없습니다. 괴테가 무려 60년간을 이 작품에 투자한 만큼 〈파우스트〉의 집필과정은 괴테 자신의 지적 성장과정과 일치합니다. 괴테의 자서전이라 할 만큼 청년기의 정열과 장년기의 예술혼, 그리고 노년기의 지혜가 녹아들어 있는 역작입니다. 〈파우스트〉는 중세부터 전해 내려오던 파우스트 전설을 토대로 합니다. 모든 학문 분야를 섭렵했지만, 여전히 만물의 근원과 원리를 알 수 없다는 이유로 자살하려는 파우스트 박사에게 악마 메피스토가 나타나 영혼을 담보로 그의 결핍된 욕망을 충족시켜주겠다고 제안합니다. 그리고 그 계약 기한은 파우스트가 온갖 쾌락을 향유한 뒤에 마침내 "멈추어라 순간이여, 그대는 참으로 아름답구나."라는 자기만족의 말을 내뱉게 될 때까지로 합의합니다. 파우스트가 말한 이 '아름다운 순간'이란 모든 사회 구성원들이 "자유로운 공간에서 자유로운 삶을" 누릴 수 있게 된 상황을 의미합니다. 지속가능한 공동체적 가치를 최우선 순위에 두었던 괴테의 삶의 철학이 여실히 드러나는 대목입니다. '태초에 말씀이 있었다.'는 성경의 말을 '태초에 행동이 있었다.'로 옮겨 적는 파우스트의 의지에서도 드러나듯, '생각하는 지식인'에서 '행동하는 지식인'으로 거듭나는 것이 〈파우스트〉의 핵심사상입니다. 사람은 어떠한 미망의 길을 걷더라도 인간으로서의 노력을 게을리하지 않는 한, 결국 구원받을 수 있다는 믿음을 괴테는 이 작품을 통해 웅변적으로 보여주고자 했습니다.

파우스트의 가슴속에는 두 개의 다른 영혼이 서로 대립하고 있습니다. 하나는 육체적 쾌락을 추구하는 실존적 공허감에 빠진 영혼이고, 다른 하나는 파우스트에게 삶의 의미를 일깨워주는 초자아적 영혼입니다. 후자의 초자아적 영혼은 로고테라피에서 강조하는 '자아 초월적' 삶의 좌표를 제시해줍니다. 로고테라피는 미래지향적입니다. 미래에 우리가 성취할 과제의 '의미'를 강조합니다.

파우스트는 자신의 삶에 긍정적인 의미부여를 하면서 세상을 변화시켰고, 세상은 다시 그를 변화시켰습니다. 그에게 희망의 에너지는 일종의 자살 항체로 작용하기도 했습니다. 그가 한계 돌파의 대가로 인정받는 것도, 실존적 좌절을 딛고 스스로 회복탄력성을 높여간 그의 삶에 희망의 원리가 깃들어 있기 때문입니다. 이처럼 인내적 인간으로 거듭나기 위해 중요한 것은 우리가 삶으로부터 무엇을 기대할 수 있는가가 아니라 삶이 우리로부터 무엇을 기대하고 있는가를 인식하는 일일 것입니다.

그런가 하면 〈친화력〉이라는 작품은 '친화력'이라는 화학적 개념을 인간관계에 적용시킨 일종의 실험소설입니다. 〈젊은 베르테르의 슬픔〉을 쓸 당시인 1775년 스웨덴 출신의 화학자인 토르베른 베리만의 논문 〈전기적 친화력과 화학적 친화력〉(1775)을 접하게 된 괴테는 이를 소설화하는 작업을 시도하게 되는데 이것이 바로 〈친화력〉의 탄생 배경입니다. 괴테는 이 작품에서 이성적이고 윤리적인 인간이 과연 비합리적이고 본능적인 자연법칙, 즉 에로스의 힘을 거부할 수 있는가를 묻습니다. 결혼이라는 사회적 질서와 혼외사랑이라는 욕망의 에너지가 충돌하는 상황설정은 그 당시로서는 매우 선정적인 주제였기에 숱한 논란을 불러일으켰습니다. 이렇듯 괴테는 자연과 윤리, 필연성과 자율적 이성, 복합적인 인간관계와 갈등 상황 등을 상징적으로 묘사해감에 있어서 무기적 자연요소들 간에 작용하는 친화력을 끌어들이고자 했습니다.

작품의 핵심 내용은 이렇습니다. 네 명의 주인공들은 자연 과학적 개념인 '친화력'에 대해 열띤 토론을 벌입니다. 모든 자연현상은 설령 물리적인 외압에 의해 일시적으로 분리된다 해도 다시 하나로 어우러지고자 하는 '융화성'을 갖고 있는가 하면, 경우에 따라서는 전혀 이질적인 자연물과도 결합될 수 있는 이중성을 갖는다는 누군가의 설명이 토론의 출발점이 됩니다. 이어서 무기물 간의 역학관계는 분리(헤어짐)라는 새로운 상황을 야기할 때 더욱 흥미로워진다는 주장이 펼쳐지는 가운데, 석고를 예로 든 자연적 '친화력'의 원리가 부연 설명됩니다. 석회석이라는 것은 석회암과 산이 결합되어 만들어진 것인데, 석회석을 희석된 황산에 넣을 경우 이 둘이 결합하여 석고가 되고, 약하고 가벼운 산은 내몰리게 된다는 것입니다. 그럴 경우 기존의 관계는 깨어질 수밖에 없는데, 어떤 이는 이에 대한 결정적인 원인을 선택의 문제로 보는 반면 또 다른 인물은 기회와 필연성의 문제로 일축해 버립니다. 무기물 간의 친화력 원리와 이성이 지배하고 있는 인간사회를 동등한 차원에서 바라볼 수 없다는 입장이지요. 이렇듯 이 소설은 인간 간의 친화력과 자연과학적 친화력의 충돌을 다룹니다.

〈젊은 베르테르의 슬픔〉에서의 사랑은 영혼을 살찌우고 대자연의 숨결을 온전히 느끼게 해주는 숭고한 그 무엇이었고, 〈파우스트〉의 사랑은 감각적인 유희와 정신적인 자유를 동시에 구가할 수 있는 입체적인 정서에 가까웠다면, 〈친화력〉에서의 사랑은 '배타적'이며 편파적입니다. 어떤 면에서는 파괴적이고 폭력적이기까지 합니다. 스스로에게 비범해질 수 있는 권리를 부여하는 사건을 사랑이라 부를 때 다른 누군가는 불가피하게 나의 비범함을 위한 희생양이 될 터인데, 바로 이러한 폭력적 인과관계가 〈친화력〉의 사랑 담론을 견인하고 있는 것입니다. 그런 점에서 〈친화력〉은 사랑을 가장 치명적인 '당위'로 호명하면서, 사랑, 그 위대한 폭력성의 에너지를 온전히 감당해낼 수 있는지 우리 인간에게 준엄하게 따져 묻고 있는 작품이라 할 수 있습니다.

사랑과 열정, 관용과 포용의 메시지를 온몸으로 발신했던 괴테, 완전함의 경쟁이데올로기가 아니라 온전함의 상생적 미덕을 추구한 괴테. 그는 이미 200여 년 전에 우리 시대가 지향해야 할 삶의 좌표를 명확히 제시한 '오래된 미래'였습니다.

인내적 인간 (homo patience), 괴테

이전 강의에서도 설명한 듯이 있듯이, 인내적 인간이란 빅터 프랑클이라는 학자가 만든 용어로 고통과 시련을 자기 성장의 계기로 받아들여 인간적 성취를 일궈내는 인간을 의미합니다. 괴테는 자신이 겪은 실존적 고통들(숱한 실연과 사별의 아픔, 그로 인한 자살충동 등)을 문학을 통해 대리 배설함으로써 자기 치유를 이끌어 내는 데 성공한 인물이었습니다. 그는 과거의 자아 죽이기와 거듭나기의 서사를 통해, '상징적인 자살'을 통해 죽음의 에너지(타나토스)를 삶의 에너지로 바꾸어 놓으려는 노력을 멈추지 않았습니다. 이를테면 〈젊은 베르테르의 슬픔〉은 괴테 자신이 기존의 염세주의적 가치관을 버리고 긍정의 삶을 열어가기 위한 일종의 항체로 기능했습니다. 괴테는 죽음이 우리의 삶에 긴장을 제공하는 절대적 계기가 될 수 있으며, 이러한 긴장이야말로 삶의 의지와 가치를 증폭시킨다는 사실을 온몸으로 증명해낸 '인내적 인간'이었습니다.

괴테는 특히 〈파우스트〉를 통해 우리에게 이러한 인내적 인간의 모델을 제시해주었습니다. 파우스트는 주어진 상황과 환경에 굴복하는 것이 아니라 주변 인물들과 세상을 향해 자신의 의지를 적극적으로 표명한 인물이었습니다. 그의 목소리를 직접 들어보죠. "나는 느끼고 있다. 과감히 세상 속으로 들어가 세상의 고통도 세상의 행복도 모두 맛볼 용기를, 과감하게 폭풍과 맞서서 싸우고, 난파된 배의 삐걱거리는 소리를 결코 두려워하지 않을 용기를." 이처럼 파우스트는 자신의 삶에 긍정적인 의미부여를 하면서 세상을 변화시켰고, 세상은 다시 그를 변화시켰습니다. 그에게 희망의 에너지는 일종의 자살항체로 작용하기도 했습니다. 파우스트가 '한계 돌파의 대가'로 인정받는 이유는 실존적 좌절을 딛고 스스로 회복탄력성을 높여갔기 때문입니다. 이처럼 인내적 인간으로 거듭나기 위해 중요한 것은 우리가 삶으로부터 무엇을 기대할 수 있는가가 아니라 삶이 우리로부터 무엇을 기대하고 있는가를 인식하는 일입니다.

인간이 삶의 의미를 찾아가는 과정에서 때론 시행착오와 좌절감을 맛보게 되는데, 이때 생겨나는 일정 정도의 긴장감은 오히려 정신건강에 필요한 요소라는 게 괴테의 생각이었습니다. 어떠한 목표를 향해 노력하는 행위 자체가 비록 성공과 행복을 보장해주지 못한다 하더라도, 그 과정에서 얻게 되는 경험과 깨달음이 우리에게 성장이라는 더 값진 과실을 안겨줄 것이라는 판단에서였습니다. 이것이 괴테가 〈파우스트〉에서 "노력하는 한 방황하기 마련이다"라고 한 말의 진정한 의미입니다. 삶이 불확실할 때 불청객처럼 찾아드는 내면의 긴장감을 우리는 실존적 불안으로 부를 수 있을 겁니다. 하지만 불안이 없는 삶이란 존재하지 않습니다. 괴테의 삶 또한 온갖 불안과 방황으로 점철돼 있었지만, 그는 매번 방황과 고뇌에 '의미'를 부여함으로써 자신의 한계상황을 뛰어넘은 인내적 인간이었습니다.

그렇다면 괴테는 자살에 대해선 어떤 입장을 취했을까요? 괴테는 〈시와 진실〉에서 "자살은 모든 사람의 관심을 끄는 만큼 시대마다 항상 새롭게 다루어져야 할 인간 본성과 관련된 일대 사건이다"라고 말한 바 있는데, 이는 자살과 같이 개인의 극단적인 일탈 행위에 대해 사회가 용인하는 정상성의 척도가 시대마다 가변적일 수밖에 없음을 함축합니다. 괴테가 말하는 '관심'은 타인에 대한 연민과 공감의 정서까지를 아우르는 개념입니다. 죽음을 결심한 누군가에게 근본적으로 무엇이 결핍되어 있는지, 그가 결핍의 메시지를 사전에 어떤 식으로 발신하는지에 대해 끊임없이 관심을 기울여야 한다는 것이죠.

한때 우울증에 시달리던 괴테에게 삶의 의욕을 불어 넣어준 건 다름 아닌 문학이었습니다. '리비도'를 재투자할 다른 무언가로 관심을 돌리는 법을 터득함으로써 괴테는 한때 자신을 괴롭혔던 자살의 망상으로부터 벗어날 수 있었습니다. 다시 말해 괴테가 〈젊은 베르테르의 슬픔〉을 쓴 진정한 이유는 바로 자기 자신을 살리기 위해서였던 거죠. 일상의 고뇌와 분노와 왜곡된 망상을 문학으로 대리 배설함으로써 괴테는 로고테라피에서 말하는 상징적 죽음을 통한 거듭나기의 효과를 증명해낸 것입니다. 가상 자살을 통해 실제 자살을 억압함으로써 자기치유를 이끌어내는 것이 괴테가 시도한 자기배려의 방식이었던 셈입니다. "밝고 명랑하게 살아가려면 작가로서의 과제를 수행해야 했고, 내가 느끼고 생각하고 상상한 모든 것을 언어로 표현하지 않으면 안 되었다."라는 괴테의 고백도 그러한 맥락에서 이해할 수 있습니다.

로고테라피의 행동강령은 인생을 마치 두 번째로 살고 있는 것처럼 살라고 소언합니다. 지금 당장 우리가 실행에 옮기려 하는 행동이 '첫 번째 인생에서 이미 한번 시행착오를 겪었던 행동'이라 생각하라고 주문하죠. 이러한 사고는 절망감에 대한 면역과 삶의 책임감을 키워줄 터인데, 이는 괴테의 삭가직 세계관이기도 했습니다. "우울증이라는 게 자격지심에서 비롯된 마음속의 불쾌감, 말하자면 자기 모멸감 같은 것은 아닐까요?"라는 베르테르의 되물음은 부단히 자신과의 화해를 도모해온 괴테 자신의 물음이기도 했습니다. 그렇게 볼 때 괴테는 인간 조건의 객관적인 관찰자였을 뿐 결코 자살 옹호론자는 아니었습니다. 그가 형상화하고자 한 것은 실존적 좌절감의 실체이지 죽음충동의 미학화는 아니었습니다.

이른바 '베르테르 효과'가 문제 되기 대략 반세기 전부터 이미 자살 논쟁은 유럽의 교양층과 식자층의 감성을 폭넓게 자극하고 있었고, 괴테는 다만 이 시대적·집단적 우울증을 문학이라는 무대 위에 올려놓았을 뿐입니다. 권태와 불안이 자기 파괴적 욕망으로 극대화되는 현실을 괴테는 자살의 해석학을 통해 가치 중립적으로 들여다보려 했을 뿐이라는 얘깁니다. 그러므로 괴테를 두고 18세기 자살의 주요 경향인 낭만적 자살과 철학적 자살을 선도했던 인물이라는 평가는 정당화될 수 없습니다. 괴테는 오히려 청춘들에게 비록 고단한 삶일지언정 주어진 현실 속에서 적극적으로 삶의 의미를 찾으라고 조언하려 애썼습니다. 괴테가 〈파우스트〉에서 "미리 느껴봐! 너는 건강해질 거야. 새로운 날의 밝은 빛을 믿어봐"라고 말할 때라든지, 〈시와 진실〉에서 "우리가 뭔가를 소망한다는 것은 우리 안에 있는 가능성을 미리 느낀다는 것이며, 우리가 앞으로 무엇을 성취할 수 있는가를 미리 알려주는 전조이다."라고 말할 때, 괴테는 이미 로고테라피적 관점을 앞서 실천하고 있었던 셈입니다.

참고 자료

요한 볼프강 폰 괴테(안장혁 역): 젊은 베르테르의 슬픔, 문학동네, 2010.
요한 볼프강 폰 괴테(정서웅 역): 파우스트, 민음사, 2009.
요한 볼프강 폰 괴테(김래현 역): 친화력, 민음사, 2007.
요한 볼프강 폰 괴테(장희창 역): 색채론, 민음사, 2003.
요한 볼프강 폰 괴테(최은희 역): 시와 진실, 동서문화사, 2016.

안장혁

독일 브레멘대학에서 괴테 연구로 독문학 박사학위를 받았다. 고려대 민족문화연구소와 동의대 인문사회연구소 학술연구교수를 거쳐 지금은 동의대 문학인문교양학부 교수로 재직 중이다.

저서로는 『괴테의 친화력과 이성의 타자성』(독문), 『글쓰기와 표현』(공저), 『문학과 삶』(공저), 『독일문학과 한국문학』(공저) 등이 있고, 옮긴 책으로는 『젊은 베르테르의 슬픔』, 『긴 이별을 위한 짧은 편지』, 『황야의 늑대』, 『내 아이 숨은 재능 찾기』, 『Re: 지금 우리 사랑일까』, 『양파 껍질을 벗기며』(공역), 『내안의 돌고래를 찾아라』(공역) 등이 있다.

멘토인문학

추판 1쇄 발행 _ 2018년 1월 8일

저　　자 · 안 장 혁
발 행 인 · 정 현 걸
발　　행 · 신 아 사
인　　쇄 · 토탈프로세스
출판등록 · 1956년 1월 5일 (제9-52호)
주　　소 · 서울시 은평구 통일로 59길 4(2층)
전　　화 · 02)382-6411 · 팩스 02)382-6401
홈페이지 · www.shinasa.co.kr
E-MAIL · shinasa@daum.net

ISBN 978-89-8396-253-9(03330)

정가 13,000 원

프라임 동의 인문교양 총서

이 저서는 교육부의 산업연계교육활성화선도대학(PRIME)사업 사업비를 지원받아 집필한 저서임